JN418524

Living Economy

생활경제

김용민 저

도서출판 두남

머리말

P·r·e·f·a·c·e

이 책은 경제학을 처음 접하는 학생들을 위해 이해하기 쉬운 개념을 중심으로 구성하였다. 우리 주변에는 경제학에 대한 서적도 많고, 인터넷에서도 쉽게 경제관련 뉴스를 접할 수 있다. 그러나 경제학을 처음 접하는 학생들은 개념의 이해가 쉽지 않다. 그래서 이해하기 쉬운 내용의 설명서가 필요하다. 경제는 일상생활의 토대를 이루고 할 수 있다. 일상생활 자체가 경제라는 것이다. 특히 ICT의 발달은 우리 사회가 대전환을 맞이하면서 경제의 제도뿐만 아니라 사회에 대한 인식변화도 불러왔다. 생활 속 경제는 이러한 변화를 가장 먼저 체감한다. 그리고 글로벌화와 지역화가 동시에 진행되면서 경제 영역이 확대되고 있다.

학문은 실제 사회와 무관하지 않고 현실의 현상으로부터 과제를 발견하고 이론을 환원하는 형태로 상호작용하면서 발전해 왔다. 학문은 시대와 더불어 사회변화에 적합하도록 진화해야 한다. 지식은 물론 다양한 체험이나 사람과의 교류 속에서 배양되는 커뮤니케이션, 조직적인 판단력, 꾸준히 학습하는 역량을 함양해야 한다.

지금 세계는 대전환기에 접어들었다. 어느 시대를 막론하고 찾아오는 혼돈을 인류는 지혜를 모아 극복해 왔다. 이를 위해 정세를 정확하게 파악하고 분석하여 이상적인 해결책을 모색하려는 자세와 지성을 갖추어야 한다. 경제학이 어렵다고 기피하는 경향이 있지만, 혼돈의 시대를 극복하고 문제를 해결하기 위해 경제학에 의존할 수밖에 없다.

경제학은 금융과 관계가 깊다. 생산, 소비 활동이 금융과 어떻게 관련되어 있는지 생각해보면 알 수 있다. 사람들의 활동 모두가 가치와 연결되어 있기에 언뜻 보면 금융과 관계없을 것 같은 것(예, 환경 문제 등)도 연동되어 있다. 경제학의 기본이 되는 것이 거시와 미시의 시점이다. 간단히 말하면 거시경제학은 큰 지표·시점에서, 미시경제학은 작은 지표·시점에서 바라보고 있다. 거시경제학은 전체 소비, 투자, GDP, 물가 등의 집계개념으로 자료를 참고로 분석하고, 미시경제학은 생산자, 소비자의 개인(기업)이 어떠한 행동을 하는지를 분석한다. 이 두 가지는 경제학의 양륜이며 어느 쪽이 빠져도 성립되지 않는다. 경제학에 대해 거부 반응의 사람이 있을지 모른다. 그 가장 큰 걸림돌은 전문용어가 많고 어렵다는 이미지에 있다. 그러나 경제는 일상 속에 항상 존재하고 있다.

경제학을 처음 접하는 학생들이 스스로 경제학 시점을 찾도록 기본적인 내용을 포괄적으로 다루었다. 구성과 내용의 전개 과정에서 많은 부분을 국내외 여러 서적에서 발췌하여 저자의 독창적인 저서는 아니지만, 기본이론을 처음 접하는 학생들이 이해할 수 있도록 정리하였다. 그러다 보니 생활 경제에 필수적으로 다루는 내용이 누락된 부분도 있을 수 있다. 부족한 부분들은 점차적으로 보완해 나가기로 하고 독자들의 조언과 질타를 바라마지 않는다.

이 책을 완성하기에 많은 분들이 도움을 주셨다. 누구보다도 함께 공부하며 질문과 토론을 해주었던 한새벌 학생들에게 고마움을 전한다. 그리고 출판과정에서 많은 도움을 주신 도서출판 두남의 전두표 사장님, 이승구상무님께 감사드린다. 끝으로 이 책이 나오기까지 격려해주신 부모님과 항상 말없이 지지해준 아내와 아들에게 고마운 마음을 전한다.

2022년 12월

한새벌 연구실에서

김용민

차 례

Contents

제 1 장 경제학이란? 13

1. 경제학의 정의 15
   1) 경제학의 기초 개념 16
   2) 경제주체와 객체 18
   3) 경제체제 23
2. 희소성과 경제문제 25
   1) 희소성의 법칙 25
   2) 3대 경제문제 27
3. 합리적 선택과 기회비용 29
   1) 합리적 선택 29
   2) 기회비용 30
   3) 매몰비용 34

제 2 장 수요와 공급 35

1. 시장과 가격 37

2. 수요와 공급의 개념 ······ 38
1) 수요곡선 ······ 39
2) 수요의 법칙과 수요(량)의 변화 ······ 43
3) 공급의 개념 ······ 44
4) 공급곡선 ······ 45
5) 공급의 법칙과 공급(량)의 변화 ······ 46
3. 시장의 균형 ······ 48
1) 균형 ······ 48
2) 가격규제 ······ 50

제 3 장 수요와 공급의 탄력성 ······ 53

1. 수요의 가격탄력성 ······ 55
2. 공급의 탄력성 ······ 58

제 4 장 수요·공급이론의 응용 ······ 61

1. 사회적 잉여 ······ 63
2. 조세의 전가와 귀착 ······ 65

제 5 장 소비자 행동 이론 ······ 71

1. 효용이론 ······ 73

2. 무차별곡선 ······79
3. 효용의 극대화 ······83
1) 소득의 변화 ······84
2) 가격의 변화 ······86

제 6 장 생산자 행동 이론 ······ 89

1. 생산함수 ······91
2. 비용 최소의 조건 ······93
1) 등량곡선 ······94
2) 등비곡선 ······97
3. 이윤극대화 ······99

제 7 장 완전경쟁시장 ······ 103

1. 완전경쟁시장 ······105
2. 단기의 시장균형 ······109
3. 장기의 시장균형 ······115

제 8 장 불안전경쟁시장 ······ 119

1. 독점시장 ······121
1) 독점의 개념 ······121

2) 독점의 생성 배경 ······122
3) 독점시장의 균형 ······123

2. 과점시장 ······129
1) 과점시장의 개념 ······129
2) 담합에 의한 카르텔 ······130
3) 가격선도 모형 ······130
4) 게임이론 ······132

제9장 거시 경제학의 기초 ······137

1. 국민경제 순환 ······141

2. 국민소득 지표 ······143
1) 국내총생산 ······143
2) 국내총지출 ······146
3) 국내총소득 ······146

제10장 물가와 인플레이션 ······147

1. 물가 ······149

2. 인플레이션 ······152
1) 수요견인 인플레이션 ······153
2) 비용인상 인플레이션 ······154
3) 혼합형 인플레이션 ······154

제11장 실 업 ······ 157

1. 실업의 개념 ······ 159
2. 실업의 형태 ······ 161
   1) 자발적 실업 ······ 161
   2) 비자발적 실업 ······ 162
   3) 자연실업률 ······ 163
3. 필립스곡선 ······ 163

제12장 경기변동이론 ······ 167

1. 경기변동이란 ······ 169
2. 경기순환 ······ 171

제13장 국제금융의 이해 ······ 177

1. 국제수지 ······ 179
   1) 경상수지 ······ 180
   2) 자본수지 ······ 182
   3) 금융계정 ······ 182
2. 환율의 결정 ······ 185
   1) 수요와 공급에 의한 환율 결정 ······ 186
   2) 구매력 평가설 ······ 187

3) 이자율 평가설 ······188

3. 환율제도 ······189
1) 고정환율제도 ······189
2) 변동환율제도 ······191

제14장 국제무역이론 ······193

1. 절대우위와 비교우위이론 ······195
1) 중상주의 ······195
2) 절대우위론(절대생산비설) ······196
3) 비교우위론 ······198
4) 특화와 무역 이익 ······199
5) 교역 조건 ······201

2. 헥셔=올린 모형 ······202
1) 혁셔=올린 정리 ······203
2) 요소가격 균등화 정리 ······203
3) 스토퍼=샤뮤엘슨 정리 ······205
4) 립진스키 정리 ······205

참고문헌 / 207

찾아보기 / 209

Chapter 01

경제학이란?

1. 경제학의 정의
2. 희소성과 경제문제
3. 합리적 선택과 기회비용

CHAPTER 01
경제학이란?

1. 경제학의 정의

우리의 일상생활은 경제활동의 연속이다. 사람들은 재화나 서비스의 생산에 참여하고, 그 대가로 분배받은 소득으로 필요한 재화나 서비스를 구입한다. 이는 인간의 생존과 삶의 행복을 위해 경제생활을 영위한다는 것을 의미한다. 경제생활은 인간이 살아가는 데 필요한 재화나 서비스를 생산, 분배, 소비하는 경제활동을 말한다. 예를 들어 아침에 눈을 떠서 저녁에 잠자리에 들 때까지 우리는 경제활동을 한다. 그럼에도 불구하고 일상생활과 경제활동을 분리하는 사람들이 있다. 그것은 아마도 경제를 학문영역으로만 생각하기 때문일 것이다.

경제학을 어렵게 느끼는 이유 중에 하나는 현실경제와 괴리에서 오는 가정의 설정과 전제조건, 그리고 수식과 그래프의 이해가 어렵다고 생각하기 때문일 것이다. 경제학을 처음 접하는 학생들에게는 더욱 더 그럴 것이다. 그러나 경제학에서 설정하는 가정과 조건, 그리고 수식과 그래프는 현재 발생하고 있는 경제문제를 이해하기 위한 도구에 지나지 않는다. 그래서 수식과 그래프 등을 이해하는데 많은 시간과 노력을 투자하는 것은 결코 바람직한 것은 아니다. 무엇보다도 현실경제에 관심을 갖고 문제를 해결하기 위한 지식을 함양하는 것이 필요하며, 일상생활에 경제학이 어떤 형태로 작용하는지를 이해하는 것이 중요하다.

최근에는 세계화의 진전으로 경제에 대한 관심이 증가하고 있다. 특히 세계적으로 경제문제가 빈번하게 발생하고, 그것이 우리의 일상생활에도 영향을 미치게 되면서 경제에 대한 관심이 더욱 고조되고 있다. 또한 각종 미디어에서도 경제문제를 집중적으로 다루고 있어 국민들도 경제에 대한 관심이 높아지고 있다.

경제학 정의에 대해 영국의 경제학자 로빈슨(L. Robinson)은 '다양한 용도로 사용될 수 있는 희소자원을 어떻게 사용할 것인가를 연구하는 학문'으로 설명하고 있다. 이는 비용과 편익의 관점에서 정의한 것이다. 비용은 희소자원을 사용하기 위해 지불하는 대가를 의미하며, 편익은 희소자원을 사용해서 얻을 수 있는 가치로 해석한 것이다. 인간의 물질적 욕구를 충족시키기 위해 희소한 자원을 어떻게 선택적으로 활용할 것인가를 연구하는 학문으로 정의한 것이다. 종합하면 경제학은 개인이나 국민경제가 희소자원을 선택적으로 사용하여 재화와 서비스를 생산, 교환, 분배, 소비하는 과정에서 일어나는 경제현상을 연구대상으로 한다.

1) 경제학의 기초 개념

경제학은 앞에서 언급하였듯이 경제현상을 연구하고 경제문제를 다루는 학문이다. 영국의 도덕철학 교수였던 애덤 스미스(Adam Smith, 1723~

1790)가 『국부론』(An Inquiry into the Nature and Causes of the Wealth of Nations, 1776)을 발표하면서 경제학이 독립된 사회과학으로 출발하였다. 경제학의 학문체계는 경제이론, 경제사, 경제정책론으로 분류된다. 경제이론은 여러 가지 경제현상 간에 존재하는 법칙을 연구하고, 그 법칙을 이용하여 현재의 경제현상을 파악하고 미래 경제를 예측한다. 경제사는 과거와의 대화이다. 과거의 경제현상을 파악하여 법칙을 도출하고 탐구하는 것으로, 이는 경제이론에 의존한다. 경제정책은 어떤 상태가 가장 바람직한 것이며 바람직한 경제 상태를 달성하기 위해 어떤 정책을 사용해야 하는가를 연구한다. 이러한 경제이론, 경제사, 경제정책론의 학문체계는 독립적이 아닌 상호 유기적으로 연계되어 있다.

경제학은 가치판단의 유무에 따라 실증경제학과 규범경제학으로 분류한다. 실증경제학은 일반적인 경제학으로 경제현상을 있는 그대로 분석하고, 경제변수들 간의 원인과 결과를 추론하여 경제현상의 변화를 예측하는 분야이다. 가치판단이 개입되지 않는 객관적인 인과관계만을 분석한다는 것이다. 규범경제학은 바람직한 상태를 설정하고, 그 상태에 도달하기 위해서 어떻게 해야 하는가를 다루는 분야이다.

연구대상에 따라 경제학을 미시경제학과 거시경제학으로 분류한다. 미시경제학은 개인이나 기업이 일정 조건 하에서 효용이나 이윤을 극대화하기 위해 어떤 결정을 하며, 이 결정이 시장의 가격기구를 통해 어떻게 배분되는가를 다루는 분야이다. 개별 경제주체들의 경제행위와 그 상호작용을 연구대상으로 한다. 거시경제학은 경제전체의 상태를 나타내는 소득, 물가, 실업, 인플레이션, 경기변동, 경제성장, 환율, 국제수지 등 변수 간 상호연관관계를 분석하는 분야이며, 개별주체들로 구성된 국민경제의 전체적인 현상을 연구대상으로 한다. 다시 말해 미시경제학이 개별 경제주체들의 최적화 행위와 이들의 상호작용에 의해 재화 및 가격과 거래량이 결정되는 과정을 분석하는 것이라면 거시경제학은 개별 경제주체들의 상호작용의 결과로 발생하는 국민경제의 총체적 현상을 연구대상으로 하는 분야인 것이다. 쉽게 미시경제학은 숲의 나무를 보는 경제이론이고, 거시경제학은 숲의 전체를 보는 경제이론이라는 것이다.

2) 경제주체와 객체

경제행위는 재화, 서비스를 생산, 교환, 분배, 소비하는 활동이다. 생산 활동은 생산요소를 이용하여 재화나 서비스를 만들어 내거나 그 가치를 증대시키는 것이다. 이는 부가가치를 창출하는 것을 의미한다. 대표적 생산요소는 노동, 자본, 토지가 있다. 노동은 인간의 육체적 정신적 활동이고, 토지는 자연으로부터 획득한 자원이다. 그리고 자본은 기계, 공장, 원자재 등 인간이 만들어 낸 물적 생산요소이다.

분배 활동을 살펴보면 대부분의 사람들은 자신이 소비하기 위한 재화와 서비스를 직접 생산하지 않는다. 다른 사람들이 소비할 재화나 서비스를 생산하는 활동에 생산요소를 제공하는 형태로 경제 활동을 한다. 생산요소 제공에 대한 대가로 소득을 얻는다. 이는 생산과정에 참여한 후 그 대가를 받는 것으로 분배에 해당한다. 분배의 기준에는 경제체제에 따라 다르며 시장경제체제에서는 생산의 기여도에 따라 분배되고 계획경제체제에서는 정부의 계획 하에 분배된다. 분배는 노동을 제공한 대가로 임금을 받고, 토지를 제공한 대가로 지대, 자본을 제공한 대가로 이자를 받는다.

소비 활동은 분배과정을 통해서 받은 소득을 가지고 자신에게 필요한 재화나 서비스를 소비함으로서 만족을 얻는다. 자신의 만족을 얻기 위해 재화나 서비스를 구입하거나 사용하는 것을 소비 활동이라고 한다. 소비는 욕구를 충족시키는 활동으로 경제생활의 궁극적 목적이자 생산을 지속하게 하는 원동력이 된다. 소비 활동을 위한 전제조건은 소비의 대상인 재화와 서비스 소비를 가능하게 하는 소득이 있어야 한다. 즉, 구매력을 동반해야한다는 것이다.

생산, 분배, 소비의 경제활동에는 다양한 변수들이 작용한다. 이를 나타낸 경제순환 모형이 [그림 1-1]이다. 경제순환 모형은 경제주체간의 상호작용과 그 상호작용이 진행되는 시장을 시각적으로 인식하는 데 유용하다.

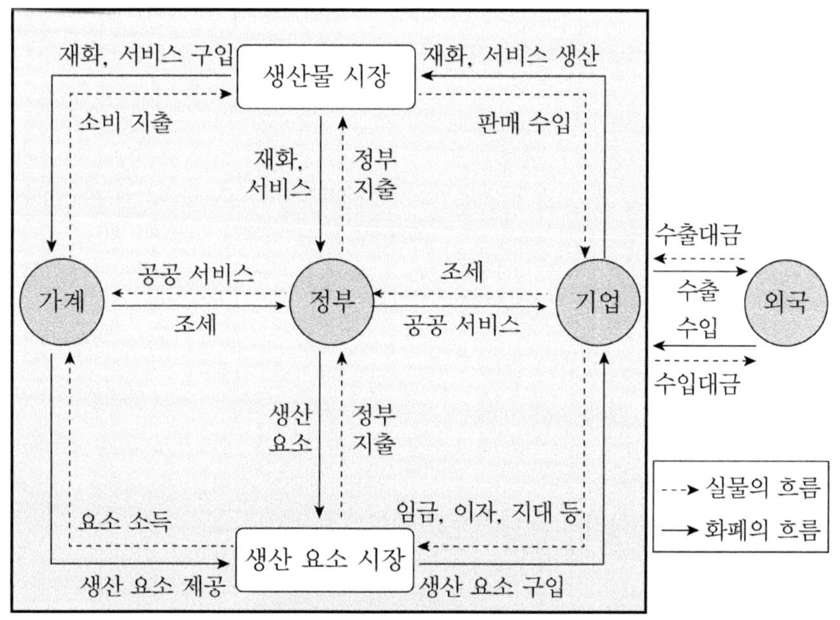

그림 1-1 **경제 순환 모형도**

앞에서 설명하였듯이 경제 활동의 주체를 단순화하면 가계, 기업, 정부, 외국(해외)이 있다. 가계는 재화나 서비스를 소비하는 주체이며 저축하고 국가에 세금을 납부한다. 기업은 재화나 서비스를 생산하는 주체이다. 적은 비용으로 이윤을 극대화하기 위해 노력한다. 정부는 경제전체를 관리하는 주체로 생산과 소비행위를 한다. 경제문제에 직면해 있는 사람들을 경제단위 또는 경제주체라고 한다. 〈표 1-1〉은 경제활동의 주체의 특징과 목표를 정리한 것이다.

표 1-1 경제 활동의 주체

구분	특징	활동 목표
가계	• 소비 활동의 주체 • 생산물시장의 수요자 • 생산요소시장의 공급자	효용의 극대화
기업	• 생산 활동의 주체 • 생산물 시장의 공급자 • 생산요소시장의 수요자	이윤의 극대화
정부	• 재정활동의 주체 • 가계와 기업에 조세부과 • 민간 경제활동 규제	사회적 후생의 극대화
외국	• 수출입의 주체 • 다른 나라의 국내경제를 나타내는 개념	자국이익의 극대화

(1) 가계

가계는 소비활동의 주체이며, 생산물시장의 수요자, 생산요소시장의 공급자 역할을 한다. 가계의 목표는 소비를 통해 효용을 극대화 하는 것이다. 가계는 생산요소를 공급하는 데 노동공급이 중요한 의미를 갖는다. 노동공급은 정신적, 육체적 능력을 생산수단으로 이용하여 경제성장의 중요한 요소가 된다. 노동공급량이 변동하는 것은 일반적으로 임금, 여가 등의 가치를 고려하기 때문으로, 기본적으로 임금수준에 따라 노동공급량을 결정된다. 그러나 임금상승과 여가활동의 편익을 비교하여 노동공급량이 달라질 수 있다. 가계의 의사결정은 합리적으로 이루어지며 영향을 미치는 변수는 처분가능소득, 물가수준, 이자율, 미래소득 등이 있다. 가계는 소비의 주체이며 합리적 행동을 전제조건으로 하고 있지만, 타인을 의식하면서 소비 활동의 경우도 있다. 타인을 의식하여 이루어지는 소비는 상품자체의 만족보다는 타인과의 비교를 통해 만족감을 얻는 경우가 많다.

(2) 기업

기업은 생산 활동의 주체이다. 기업은 생산요소시장에서 노동, 자본, 토지를 구입하여 재화를 생산한다. 기업이 생산한 재화는 생산물 시장을 거쳐 가계로 공급된다. 기업의 목표는 이윤을 극대화하는 것이다. 기업의 이윤은 총수입(판매수입)에서 총비용(생산비용)을 뺀 것이다. 판매수입에 영향을 미치는 것은 상품가격과 생산량이며 생산비용에는 인건비, 임대료, 생산 장비 등이 포함된다. 그리고 기업의 의사결정도 생산과 관련되어 있다. 기업은 생산시설을 어디에 세울 것인가, 어느 곳에 새로운 시장을 개척할 것인가, 어떤 상품을 생산할 것인가 등을 결정하게 된다.

(3) 정부

정부는 재정 활동의 주체이며 가계와 기업에 세금을 부과하고 공공재 및 공공서비스를 제공한다. 정부의 목표는 사회적 후생의 극대화에 있다. 정부의 역할은 시장경쟁의 촉진을 통해 효율적인 자원분배가 이루어지도록 규칙을 제정하거나 관리 감독하는 것이다. 시장에서의 경쟁은 효율적 자원분배를 가능하세 하는 중요한 요인이 된다. 공급자간 경쟁은 더 저렴한 가격에 공급될 수 있도록 하며 소비자 간 경쟁은 그 상품을 더 절실히 원하는 사람이 그 상품을 소비할 수 있도록 한다. 이처럼 경쟁이 효율적인 자원배분을 촉진하려면 전제가 필요하다. 기업 간 경쟁에서 특정기업이 특혜를 받는다면 그것은 공정한 경쟁이 될 수 없다. 그래서 정부는 효율적인 자원배분이 되도록 역할을 다해야 한다. 예를 들어 공정거래위원회는 이러한 기능을 위해 만들어진 것이다. 국민경제에서 정부의 역할은 소비자와 생산자를 겸하고 있다. 정부기관에 생산물 시장에서 재화 및 서비스를 구입하여 소비자로서의 역할을 하고, 정부가 공기업 등을 통해 공공재 및 공공서비스를 제공하는 생산자로서의 역할하고 있다. 그리고 정부의 역할은 자원배분. 소득재분배, 경제성장을 추구하는 역할을 하여야 하며 경제적 불평등을 완화시키기 위해 다양한 방식으로 소득재분배를 실시한다. 또한 정부는 경제안정화 정책을 추진한다. 경기침체 시 세입축소, 정부지출 증가(확대재정)로 고용증대를 유도하며 경기과열 시에는 세입증대, 정부지출 축소(긴축재정)로 물가안정을 유도한다.

(4) 외국(해외)

외국(해외)은 수출(입)의 주체이며 다른 나라의 가계와 정부를 포괄하는 개념이다. 외국의 목표는 자국이익의 극대화에 있다. 가계, 기업, 정부, 외국의 경제활동 주체들을 아우르는 것이 국제경제(개방경제)이다.

표 1-2 경제 활동의 객체

유형		특 징
생산물	재화	• 사람에게 쓸모 있는 유형의 물건 • 목적에 따라 소비재와 생산재로 구분
	서비스	• 사람에게 쓸모 있는 무형의 활동
생산요소		• 노동, 자본, 토지 등이 생산요소 시장에서 거래 • 생산요소를 제공한 대가는 가계소득의 원천

지금까지 경제주체에 대해 설명하였고, 경제객체에 대해 알아보기로 하자. 경제객체는 경제행위의 대상으로 인간의 욕망을 충족시켜줄 수 있는 실질적 가치를 가진 것을 의미하며 경제객체는 생산물과 생산요소로 구분된다. 〈표 1-2〉는 경제객체의 내용을 설명한 것이다.

3) 경제체제

경제체제는 경제문제의 해결방식이 체계화되어 형성된 경제의 구조를 뜻한다. 경제문제 해결방식과 생산수단의 소유형태에 따라 시장경제체제와 계획경제체제로 대별할 수 있다. 그리고 시장경제 요소와 계획경제 요소를 혼용한 혼합경제체제가 있다.

(1) 시장경제

시장원리에 의해 시스템적으로 운영된다. 사유재산을 인정하며 시장의 가격기구를 통하여 경제문제를 해결한다. 자원배분이 효율적이고 소비자들의 가치를 존중하며 선택의 자유 및 경쟁에 의한 기술혁신 등이 장점이다. 그러나 소득분배의 불균형, 경기변동의 심화 등이 단점으로 지적된다.

(2) 계획경제

생산수단의 국유화로 정부의 계획과 통제에 의해 자원이 배분된다. 공평한 소득분배가 가능하고 경기변동이 덜 심각하며 전략사업 육성이 가능하다는 장점이 있다. 단점으로는 자원배분이 비효율적이고 계획이 신축적이지 못하며 기술개발이 부진할 수 있다는 것이다. 현실 경제체제는 국가마다 문화적, 역사적, 환경적 특수성이 반영되어 경제체제의 특징이 혼합되어 존재한다. 자본주의 시장체제를 기반으로 사회주의 계획경제체제의 요소가 혼합된 혼합 경제체제가 전 세계 경제체제의 대부분을 차지하고 있다. 여기서 경제체제를 비교한 것이 〈표 1-3〉이다.

(3) 혼합경제

혼합경제 체제는 시장경제 요소와 계획경제 요소가 혼합된 것으로 대부분의 국가에서 채택하고 있다. 추구하는 목표에 따라 혼합의 정도가 다르다.

표 1-3 경제체제의 비교

구분	시장경제체제	계획경제체제
경제활동의 동기	개인의 이익추구	공동의 목표추구
생산수단의 소유	사유	공유(국가)
의사결정주체	개별경제주체	정부
자원배분의 원리	시장가격기구	정부의 명령, 계획
추구하는 가치	자율성, 효율성	공평성
기업의 목표	이윤극대화	생산량 목표달성
장점	효율적 자원분배	높은 형평성
단점	빈부격차 심화	비효율적 자원배분

2. 희소성과 경제문제

1) 희소성의 법칙

인간의 욕망이 무한하지만 자원이 상대적으로 부족하기 때문에 재화와 서비스가 인간의 욕망을 충족시켜 주지 못하는 경우가 있다. 희소라는 용어는 재화와 서비스의 절대량이 부족하다는 것을 의미하는 것이 아니다. 재화와 서비스가 인간의 욕망에 비해 존재량이 작다는 상대적인 개념이다. 희소성의 법칙(law of scarcity)은 사회구성원의 욕망은 무한한

데 비하여 그 욕망을 충족시켜줄 수단인 경제적 자원이 상대적으로 부족한 현상을 말한다. 경제적 자원이 절대적으로 부족하다는 의미가 아닌 것이다. 자원이 절대적으로 부족하더라도 그 자원을 필요로 하는 경제주제가 많지 않아 아무런 대가 없이 얻을 수 있게 되면 희소성의 법칙이 성립하지 않는다는 것이다. 비슷한 개념에는 희귀성이 있다. 이는 자원이 절대적으로 부족한 상태를 말한다. 예를 들어 희귀 동·식물 등이 있다. 아무리 희귀한 것이라도 사람들이 원하지 않으면 희소한 것이 될 수 없고, 반대로 아무리 존재량이 많아도 사람들이 원하는 양이 그보다 많다면 희소한 것이 된다.

희소성은 시간과 공간에 따라 다르게 나타난다. 이는 시대와 지역마다 사용가능한 자원의 양이나 기술수준이 다를 뿐 아니라 사람들의 선호와 취향이 다르기 때문이다. 상대적 개념이기 때문에 희소성이 커질수록 시장 가격이 상승한다. 그래서 경제학은 희소성으로부터 시작한다고 해도 과언이 아니며, 희소성으로 인해 선택의 문제가 발생한다.

표 1-4 재화의 종류

구분	자유재(free goods)	경제재(economic goods)
의미	인간의 욕구보다 많이 존재하여 대가없이 획득 가능한 재화	인간의 욕구보다 상대적으로 적게 존재하여 대가를 지불해야 획득 가능한 재화
희소성	없음(경제적 가치 없음)	있음(경제적 가치 있음)
사례	공기, 햇빛 등	기계, 건물 등

선택이란 대안들을 비교하는 것이다. 시장경제에서는 개인적 선택에 맡긴 후 그 결과를 사회적 선택으로 받아드리고 있다. 이러한 의미에서 희소성 유무에 따라 재화를 구분할 수 있다. 〈표 1-4〉는 재화의 종류를 나타낸 것이다.

인간의 욕망을 충분히 충족시키는 재화나 서비스를 자유재라고 하며 희소한 재화나 서비스를 경제재라고 한다. 희소자원이라는 것은 인간의 욕망을 충족시켜줄 경제재가 부족하다는 것을 의미한다. 이를 충족시키기 위해 재화 및 서비스 생산에 생산요소가 투입되며, 생산요소에는 석탄, 석유 등 천연자원과 노동, 토지 그리고 과거의 생산결과로 존재하는 건물이나 기계 등이 포함된다.

2) 3대 경제문제

경제문제는 이론적으로 수요와 공급이 일치하지 않아 발생한다. 필요한 만큼 재화 및 서비스를 생산하면 아무런 문제가 발생하지 않는다는 것이다. 현실세계에서는 과소생산, 과잉생산으로 인해 수요와 공급이 불일치하기 때문에 경제문제, 경제공항이 발생한다. 즉, 경제문제의 본질은 양의 문제인 것으로 질의 문제가 아니라는 것이다.

앞에서 언급하였듯이 경제문제는 희소성 때문에 발생하며 결과적으로 선택의 문제와 직결된다. 대부분의 자원은 희소성이 있기 때문에 경제문제는 모든 사회에서 발생한다고 할 수 있다. 이는 잉여와 희소성 때문에 발생하며 결과적으로 선택의 문제와 직결된다. 이러한 점에서 희소성과 선택은 경제학을 학습하는데 기초적이면서 중요한 부분이다.

(1) 무엇(What)을 생산할 것인가?

희소자원을 어떤 재화생산에 어느 정도 배분할 것인가의 선택문제이다. 생산요소로서 활용할 수 있는 토지, 자본, 노동 등이 한정되어 있어 생산재화의 선택에 신중을 기해야한다는 것이다. 예를 들어 토마토, 오이, 양파를 재배한다고 가정했을 때 토지가 한정되어 있기 때문에 토마토 재배면적을 넓히려 한다면 오이나 양파의 재배면적을 줄이거나 포기해야한다. 자원의 희소성 때문에 원하는 만큼 생산이 이루어지지 않는다는 것이다.

(2) 어떻게(How) 생산할 것인가?

생산기술의 선택문제이다. 생산물의 종류와 양을 선택했다면 생산방법을 선택해야한다. 생산요소를 어떻게 배합하여 생산할 것인가의 문제인 것이다. 생산요소인 노동을 더 많이 투입할 것인가? 아니면 자본을 더 많이 투입할 것인가의 생산방법을 선택해야 한다. 앞에서 설명한 토마토, 오이, 양파를 재배한다고 가정했을 때 생산을 오로지 노동력에 의존할 것인가, 농기계를 사용할 것인가, 또는 노동력과 농기계를 적절히 배합하여 생산할 것인가의 선택문제인 것이다. 노동력이 많이 투입된다면 노동집약적인 생산방법이고 자본이 많이 투입될수록 자본집약적인 생산방법이 될 것이다.

(3) 어떻게 분배(For Whom)할 것인가?

분배방법의 선택문제이다. 생산에 참여한 모든 사람들에게 동일하게 분배할 것인가, 그렇지 않으면 기여 정도에 따라 분배할 것인가를 선택해야한다. 생산기여도가 다르더라도 가급적 균등하게 배분하려는 공산주의, 기여도에 따라 배분하는 극단적 자유주의, 능력대로 생산에 기여하게 하고 정부가 조세제도 등을 통해 재분배하는 혼합경제체제의 분배가 있다. 하지만, 모든 사람에게 만족을 주는 분배방식이 존재하지 않기 때문에 구성원이 동의하는 합리적인 방법을 모색하는 것이 중요하다.

3. 합리적 선택과 기회비용

1) 합리적 선택

경제학에서 경제주체는 합리적 선택을 한다고 가정한다. 실제 현실경제에서는 비합리적 선택도 있지만, 이론을 전개하기 위해 항상 합리적 선택을 한다고 한다. 합리적 선택의 의사결정은 최소비용으로 최대효과를 가져올 수 있는 선택을 말한다. 일정한 비용(자원)으로 최대의 효과(편익)를 얻는 것을 최대효과의 원칙, 일정 효과(편익)를 최소 비용(자원)으로 달성하고자 하는 것을 최소비용의 원칙이라고 한다. 최대효과의 원칙 또는 최소비용의 원칙이 충족된 의사결정을 합리적 의사결정이라고 한다. 최대효과의 원칙과 최소비용의 원칙은 동일 현상을 다른 측면에서 바라보고 있고, 이를 경제원칙이라고 한다. 의사결정 과정의 모형에 대해 설명하면 다음과 같다.

(1) 문제 인식

문제해결의 필요성을 인식하고 문제의 내용과 성격을 파악한다.

(2) 선택 대안 탐색

문제와 관련된 자료 및 정보를 수집하고, 대안 탐색에 필요한 시간을 고려하여 선택할 수 있는 대안들을 탐색

(3) 평가 기준

대안의 특징이나 장단점을 파악하기 위한 기준 마련으로 비용, 필요성, 사용기간 등 다양한 평가기준을 제시

(4) 대안 평가

평가 기준에 따라 항목별 점수를 기입하여 평가표를 작성, 각 대안의 비용과 편익을 비교

(5) 최종 선택

검토 대안 중 가장 합리적인 대안 선택

2) 기회비용

기회비용이란 선택 가능한 여러 대안 중 하나의 대안을 선택함으로써 포기하게 되는 대안들 중 가장 가치가 큰 것을 말한다. 경제행위의 원칙 중에 어떠한 선택을 하더라도 반드시 그 대가에 대한 비용을 지불하게

된다. 그 대가가 기회비용인 것이다. 이는 자원의 희소성에 의해 선택의 문제가 발생하고, 그 선택의 대가가 기회비용이므로 기회비용의 발생원인은 자원의 희소성이라고 할 수 있다. 경제 문제는 희소성으로 인한 선택의 문제이며, 모든 선택의 문제에는 선택에 따른 기회비용이 발생한다는 것이다.

합리적 선택을 위해서는 기회비용에 대한 개념이 선행되어야 하고 어떠한 의사결정도 언제나 기회비용 관점에서 이루어져야 한다. 경제학에서 사용되는 비용의 개념은 기회비용의 개념으로 회계학적 비용과 다르다. 경제주체는 합리성 가정에 따라 동일한 만족을 준다면 항상 기회비용을 최소화하는 선택을 해야 한다. 기회비용은 눈에 보이는 회계적 비용(명시적 비용)과 보이지 않는 암묵적 비용(잠재적 비용)으로 구성된다. 경제적 비용은 기회비용이며 이는 다시 회계적 비용과 암묵적 비용을 합한 것이다.

생산가능곡선을 이용하여 희소성과 기회비용에 대해 살펴보기로 하자. 생산가능곡선은 주어진 자원과 기술을 모두 이용하여 가장 효율적으로 생산 가능한 두 재화의 조합들을 연결한 선을 의미한다. 생산가능곡선 상의 한 점은 경제적 효율성이 보장되는 최대효과의 원칙이 적용되는 생산점이다. 일반적인 생산가능곡선은 우하향하면서 원점에 오목한 형태를 가진다. 우하향의 이유는 X재 생산을 늘리기 위해서는 반드시 Y재 생산을 감소시켜야하기 때문이다. 생산가능곡선이 우하향하는 것은 희소성의 법칙이 작용하기 때문이다.

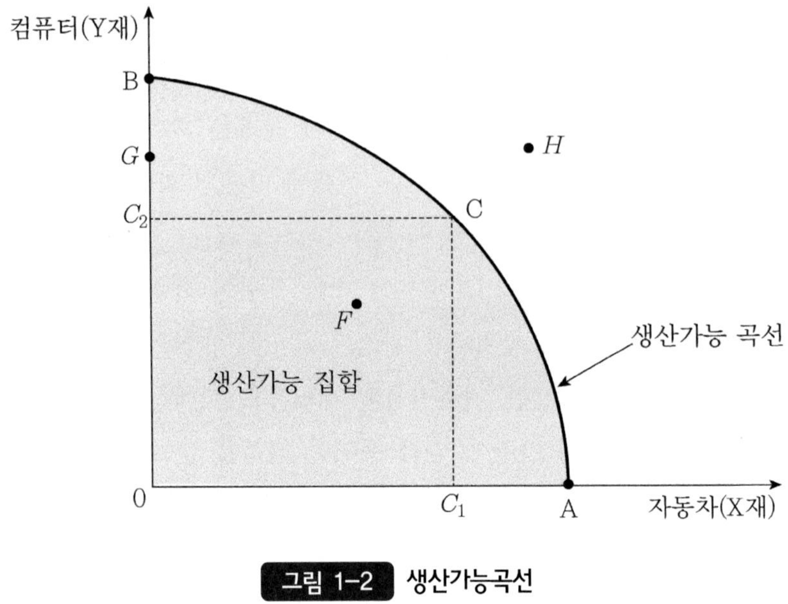

그림 1-2 생산가능곡선

[그림 1-2]는 생산가능곡선을 나타낸 것이다. 영역 $AOBC$는 일정한 자원을 이용하여 생산가능한 자동차와 컴퓨터의 조합이다. 이 영역에서 가능한 많은 양을 생산해야한다. 가장 많이 생산할 수 있는 자동차와 컴퓨터의 조합은 곡선 BCA로 나타낼 수 있다. 이 곡선을 생산가능곡선이라고 한다.

A점은 컴퓨터를 전혀 생산하지 않고 자동차만을 생산하는 경우이며, B점은 자동차를 전혀 생산하지 않고 컴퓨터만을 생산하는 경우이다. C점에서는 자동차 C_1과 컴퓨터 C_2을 생산하고 있다. 생산가능곡선 안쪽에 있는 F점과 G점은 자원과 생산능력을 충분히 활용하지 못하는 비효율적인 생산이다. 생산가능곡선 상의 점은 생산이 효율적으로 이루어지는 점이고, H점은 생산가능곡선 외부에 존재하고 있어 생산이 불가능하

다. 생산가능곡선 내부에서 곡선 상으로의 이동은 비효율적인 생산에서 효율적인 생산으로 전환되었다는 것이며, 불완전고용 생산 점에서 완전고용 생산 점으로 이동한다는 것을 의미한다.

한편 생산가능곡선상에서는 자동차 또는 컴퓨터 어느 쪽이든 한쪽의 생산량을 줄이지 않고서는 다른 쪽의 생산을 늘릴 수 없기 때문에 자원과 생산능력을 최대한 활용하고 있다. 생산가능곡선의 기울기는 희소성이 작용하면서 한쪽의 생산량을 늘리려면 다른 재화의 생산량을 줄여야 한다는 것을 의미한다. 이를 한계변화율(Marginal Rate of Transformation: MRT)이라 한다. 어떤 경제적 선택에는 반드시 대가를 지불해야 하며 그 대가가 기회비용이라고 설명하였다. 어떤 재화의 생산량을 증가시킴에 따라 포기해야 할 재화의 양(기회비용)이 점점 증가하는 것을 기회비용 체증이라고 한다. 이는 한계변화율이 점점 증가한다는 것으로 생산가능곡선이 원점에 대해 오목하기 때문이다. 한계변화율은 X재 생산을 1단위 증가시키기 위해 포기해야하는 Y재 수량으로 수학적으로 나타내면 다음과 같다.

$$MRT = -\frac{\triangle Y}{\triangle X}$$

한계변화율은 X재생산의 기회비용을 Y재 단위 수로 나타낸 것으로 생산가능곡선의 접선 기울기에 절대 값을 취한 값이다.

[그림 1-3]의 한계변화율에서 알 수 있듯이 생산가능곡선 상의 한 점에서 다른 점으로 이동한다는 것은 한 재화의 생산을 줄여야만 다른 재화의 생산을 늘릴 수 있다. X재 생산을 3단위 증가시키기 위해 포기해야 하는 Y재가 6개라면 한계변화율은 2이다. 즉 X재 생산을 1단위 증가시

키기 위해 포기해야하는 *Y*재가 2개라는 것이다.

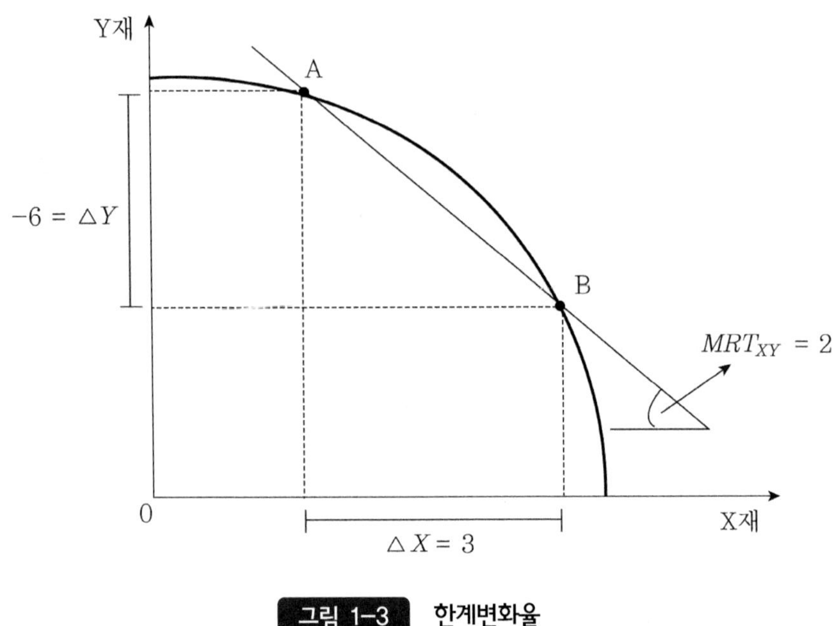

그림 1-3 한계변화율

3) 매몰비용

매몰비용(sunk cost)은 일단 지출되면 다시 회수할 수 없는 비용을 말한다. 회수가 불가능한 비용이기 때문에 기회비용은 0이 된다. 따라서 매몰비용은 회계적인 비용임에도 불구하고 합리적 선택을 위해서는 의사결정시 고려대상에서 제외해야 한다. 예를 들어 이미 지출된 광고비, 연구개발투자비 등이 있다.

Chapter

02

수요와 공급

1. 시장과 가격
2. 수요와 공급
3. 시장의 균형

CHAPTER 02 수요와 공급

1. 시장과 가격

시장(market)은 어떤 상품을 사고팔기 위해 수요자와 공급자들이 모여 가격을 결정하고 매매가 이루어지는 장소나 조직을 말한다. 일반적으로 시장은 재화와 서비스가 거래되는 장소를 의미하지만, 경제학적 의미의 시장은 특정장소가 아닌 추상적인 거래메커니즘을 포괄한다. 시장은 거래되는 대상에 따라 생산물이 거래되는 생산물시장과 생산요소가 거래되는 생산요소시장(노동시장, 자본시장 등)으로 나눌 수 있다. 또한 기업간 경쟁의 정도에 따라 완전경쟁시장과 불완전경쟁시장으로 나눌 수도 있다. 특별한 언급이 없는 한 경제학에서는 완전경쟁시장을 가정하여 이론을 전개한다.

시장의 기능은 거래 상대방과 교환조건을 탐색하는 등의 거래비용을 감소하게 하고, 초과 생산물을 교환하는 분업을 통해 생산성을 향상시킨다는 것이다. 그 결과 생산비가 절감되는 효과를 가져 온다. 시장에서 시장가격이 형성되고, 그 가격이 생산과 소비활동의 기준을 제공하여 효율적 자원분배가 가능하도록 한다. 시장에서 결정된 가격에는 배급기능과 배분기능이 있다. 가격이 없다면 무한정 소비하려 할 것이다. 그래서 가격은 가장 높은 가치로 평가하는 사람에게 우선으로 상품을 배급하여 희소한 상품을 과도하게 소비되는 욕망을 통제하는 배급기능을 한다. 그리고 아담 스미스의 [보이지 않는 손]에 의해 희소한 자원이 경제의 여러 부문으로 배분되어 가는 가격의 배분기능이 있다. 이는 어떤 재화의 수요가 증가하여 가격이 상승하면 생산자는 자원을 그 재화 생산에 투입하여 자원배분이 이루어진다.

가격의 종류에는 절대가격, 상대가격, 잠재가격, 계산가격이 있다. 절대가격은 재화 1단위와 교환되는 화폐금액을 말한다. 일반적으로 가격이라고 하면 절대가격을 의미한다. 상대가격은 두 재화의 교환비율을 말한다. 경제학에서는 절대가격이 아니라 상대가격을 중요시한다. 잠재가격은 재화의 기회비용을 반영한 가격으로 경제계획을 수립하는 데 기초 자료가 되며 완전경쟁시장의 경우 시장가격이 잠재가격과 동일하게 나타난다. 계산가격은 국가가 경제계획을 수립할 때 자원분배를 위하여 인위적으로 계산하는 가격이다.

2. 수요와 공급의 개념

수요(demand)란 소비자가 일정기간 동안 어떤 재화나 서비스를 구매하고자 하는 욕구(계획)를 말한다. 이는 실현된 욕구가 아닌 의도된 욕구로 일정기간 동안을 측정하는 유량(flow)의 개념이다. 유량이란 일정기간 동안 변화된 양을 측정하는 것으로 사전적 개념이다. 소비자가 구입하고자 의도한 수량을 나타내며, 사후적인 소비량을 나타내는 것은 아니다. 전제가 되는 것은 구매력이다. 구매력을 갖추지 않는 상태에서 단순 욕망을 표현하는 것이 아니라는 것이다. 그 상품을 가지고 싶다는 욕구가 아닌 값을 치를 능력이 있어야 한다는 것이다. 즉, 수요는 상품을 구입할 능력을 갖춘 소비자가 그 상품을 구입하고자 하는 욕구를 말한다. 이를 함수로 표현하는 것이 수요함수이다. 수요함수는 일정 기간 어떤 상품의 수요와 그 수요에 영향을 미치는 독립변수 간의 관계를 함수식으로 나타낸 것이다. 수요함수를 구성하고 있는 다양한 독립변수 중 해당 재화의 가격변수를 제외한 나머지 변수들을 일정불변인 외생변수라고 가정하면 수요함수 식은 다음과 같이 나타낼 수 있다.

$$Q_X^D = f(P_X, \overline{M}, \overline{P_Y}, \overline{T}, \cdots)$$

Q_X^D는 X재의 수요량을 나타내는 종속변수이며, P_X는 X재 가격, M은 소비자의 소득, P_Y는 연관재화의 가격, T는 소비자의 기호(선호)를 나타낸다. P_X는 X재에 대한 수요량의 변화요인이고, P_X를 제외한 나머지 변수들은 X재에 대한 수요의 변화요인이다.

1) 수요곡선

소비자들은 상품을 구매할 때 가격에 민감하게 반응한다. 일정기간 일정가격 수준에서 구입하고자 하는 최대량을 수요량이라고 하며, 소비자는 합리적인 행동을 하며 상품가격이 하락할 때 소비를 늘리고 가격이 상승할 때 소비를 줄인다. 이는 가격과 수요량의 관계가 반대로 움직인다는 것을 의미한다. 다시 말해 모든 조건이 일정하다고 가정하고 가격이 상승하면 수요량이 감소한다는 것이다. 곡선 상에서는 우하향의 형태를 갖는다는 것이다. 이를 수요의 법칙이라고 한다.

수요가격은 수요곡선의 높이로 소비자가 상품을 구입하기 위해 지급할 용의가 있는 최대 가격을 말한다. 그리고 그 상품의 소비에서 나오는 한계편익(marginal benefit)이 마시막 단위의 상품을 소비함으로써 얻는 만족감의 크기를 뜻한다. 일반적으로 수요곡선이 우하향하는 데 이에 대한 견해가 마샬(A. Marshall)과 왈라스(L. Walras)에서 차이가 있다. 왈라스는 가격이 수량을 결정한다고 생각했고, 마샬은 반대로 수량이 가격을 결정한다고 생각했다. 왈라스의 생각은 가격이 하락하는 재화는 효용극대화를 추구하는 소비자의 행동에 의해 수요량이 증가한다는 것이고, 마샬의 경우 수요량이 증가하면 한 단위 더 소비하는 만족감이 감소하여 지불의도의 가치가 하락하여 가격이 하락한다는 것이다.

현재, 수요곡선을 읽는 방법은 마샬(A. Marshall)의 생각을 따르지만, 현대 경제학에서는 이론적으로 왈라스(L. Walras) 경제학을 추종하므로 가격(P)이 독립변수이고 수요량(Q^D)은 종속변수이다. 따라서 수요곡산을 읽는 올바른 방법은 가격(P)을 먼저 읽고, 그 가격에 대응하는 수요량(Q^D)을 읽어야 한다. 수요곡선은 개별소비자의 수요곡선을 수평으로 합한 것이다. 개별수요곡선은 개별소비자가 일정 가격수준에서 소비하고자 하는 최대량 또는 일정량을 소비하고자 할 때 지불할 의사가 있는 최고가격을 나타낸다. 그리고 가격(price)과 양(quantity)의 관계에서 전체 수요곡선(D)는 개별수요곡선의 기울기보다 완만하게 나타난다.

수요량의 변화는 상품의 가격변화에 따른 소비자가 구입하려는 양의 변화를 의미한다. 이는 수요곡선상의 이동을 의미한다. 수요곡선 이동의 요인은 소득의 변화, 연관재화의 가격변화, 기호의 변화, 인구변화 등이 있다. 소득이 증가하면 수요가 증가하면서 곡선을 오른쪽으로 이동시킨다. 이런 재화를 정상재라고 하고, 반대로 수요가 감소하는 재화를 열등재라고 한다. 연관재화의 경우 사이다와 콜라의 경우처럼 용도가 비슷하여 대신 소비해도 만족에는 커다란 차이가 없는 대체재로 햄버거와 콜라처럼 따로 소비할 때 보다 함께 소비할 때 더 큰 만족을 얻을 수 있는 보완재가 있다. 대체재의 경우 연관재화의 가격과 해당재화의 수요가 같은 방향으로 움직이며 보완재의 경우 연관재화의 가격과 해당재화의 수요가 반대로 움직인다. 〈표 2-1〉은 수요변동의 요인을 나타낸 것이다.

표 2-1 수요 증가와 감소의 요인

구분	증가요인	감소요인
소득	증가(정상재)	감소(정상재)
대체재	가격상승	가격하락
보완재	가격하락	가격상승
기호(선호)	증가	감소
수요자수	증가	감소
미래가격 예상	상승	하락

대체재는 서로 경쟁관계에 있는 재화 및 서비스를 말한다. 예를 들어 쌀과 보리, 콜라와 사이다 등 어느 한쪽을 소비하면 다른 쪽은 덜 소비하

게 되어 어느 정도까지 서로 대체될 수 있는 재화를 의미한다. A와 B가 대체관계가 성립할 때, A의 가격이 상승하면 B의 수요가 증가한다는 것을 나타낸다. 이는 A의 가격이 상승할 때 A의 수요가 감소하게 되고 이에 따라 대체관계에 있는 B의 수요가 증가하게 된다는 것이다. 보완재는 서로 보완하는 관계에 있는 재화 및 서비스를 말한다. 예를 들어 펜과 잉크, 샤프와 심 등 어느 한쪽을 소비하면 다른 쪽도 그 만큼 소비하는 재화를 말한다. A와 B가 보완관계가 성립한다는 것은 A의 가격이 상승하면 B의 수요가 감소한다는 것을 의미한다. A의 가격이 상승할 경우 A의 수요가 감소하고 이에 따라 보완관계에 있는 B의 수요도 감소하게 된다는 것이다.

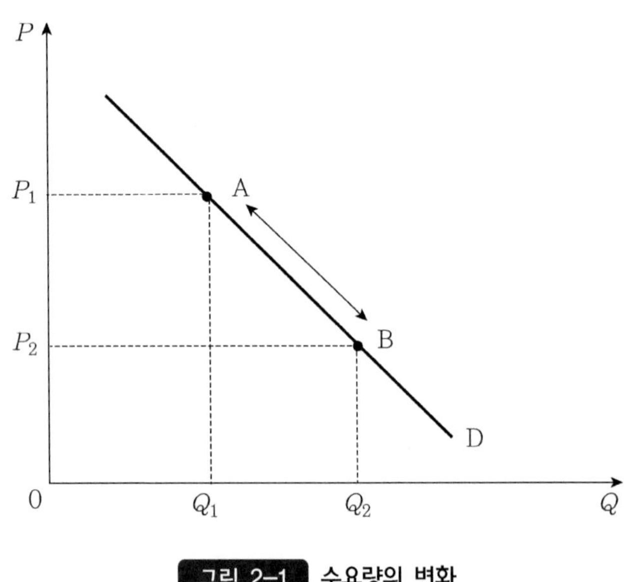

그림 2-1 수요량의 변화

2) 수요의 법칙과 수요(량)의 변화

수요의 법칙은 다른 모든 조건이 일정할 때 가격이 상승하면 수요량이 감소하고 가격이 하락하면 수요량이 증가하는 법칙이다. 즉, 가격과 수요량의 역의 관계를 수요의 법칙이라고 한다.

수요의 법칙이 성립하는 것은 수요곡선이 우하향한다는 것을 의미한다. 수요량은 일정기간 특정가격에 구매력을 갖추고 구입하고자 의도하는 양으로 수요곡선상의 한 점을 의미한다. [그림 2-1]에서 수요량의 변화는 가격변화에 따라 구입하고자 하는 재화의 수량변화를 의미한다. 수요곡선상의 이동으로 표시하여 수요량의 변화요인은 오로지 가격이 있다. 반면 수요는 모든 가격에 대하여 구입하고자 하는 전체 계획이므로 수요곡선 전체를 의미한다.

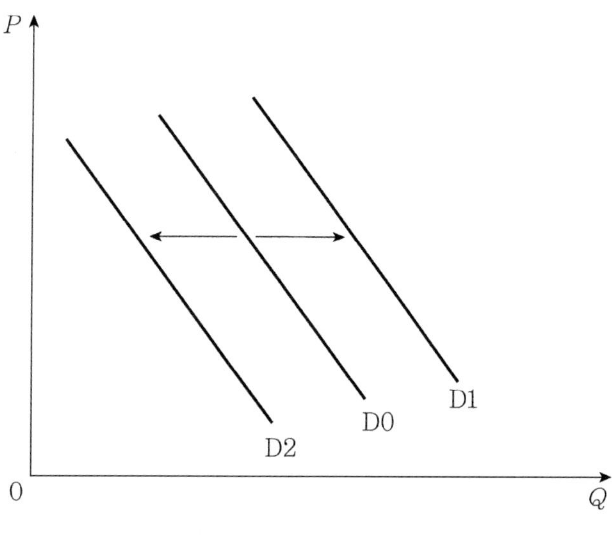

그림 2-2 수요의 변화

수요의 변화는 일정하다고 가정했던 가격이외의 요인들이 변할 때 재화의 수량변화를 의미한다. [그림 2-2]에서 수요곡선 자체의 이동으로 표시하고 수요가 증가하면 수요곡선이 오른쪽으로 이동한다. 수요의 변화요인은 소득, 연관재화의 가격, 소비자의 기호, 인구, 소비자의 예상, 광고 등이 있다.

3) 공급의 개념

공급(supply)이란 일정기간 동안 주어진 가격수준에서 생산자들이 재화나 서비스를 판매하고자 하는 욕구(계획)를 말한다. 단순 욕망을 표현하는 것이 아니라 실제 생산능력이 뒷받침된 개념이다. 수요와 마찬가지로 공급도 일정기간 동안 측정되는 변수이므로 유량(flow) 개념이다. 공급도 사전적 개념으로 생산자가 판매하고 의도한 것이지 사후적인 것이 아니다. 생산자가 모든 가격 수준에 대해 공급하고자 하는 전체적인 계획이므로 공급곡선 자체를 의미한다. 공급량은 특정 가격수준 하에서 판매하고자 하는 재화와 서비스의 구체적인 수량이다. 공급량은 생산자가 특정 가격수준에서 공급하고자 하는 계획이므로 공급곡선상의 한 점을 의미한다.

공급함수는 특정 재화에 대한 공급과 그 재화의 공급에 영향을 미치는 요인들 간의 관계를 함수형태로 나타낸 것이다. 즉, 일정기간 어떤 상품의 공급과 그 공급에 영향을 미치는 독립변수 간의 관계를 나타낸 것이다. 공급함수를 구성하고 있는 다양한 독립변수 중 해당 상품의 가격변수를 제외한 나머지 변수들을 일정불변 외생변수라고 가정하면 다음과 같은 공급함수를 나타낼 수 있다.

$$Q_X^S = f(P_X, \overline{T_E}, \overline{P_F}, \overline{T_A}, \overline{P_Y}, \overline{E}, \cdots)$$

Q_X^S는 X재의 공급량을 나타내는 종속변수이며, P_X는 X재 가격, T_E은 생산기술, P_F는 생산요소 가격, T_A는 조세와 정부보조금, P_Y는 관련재화의 가격, E는 생산자의 미래에 대한 예상을 나타낸다. P_X는 X재에 대한 공급량의 변화요인이고, P_X를 제외한 나머지 변수들은 X재에 대한 공급의 변화요인이다.

4) 공급곡선

공급곡선은 일정기간에 그 상품의 여러 가지 가격수준과 공급량의 조합을 나타낸 곡선이다. 공급법칙에 따라 공급곡선은 양의 기울기, 즉 우상향 곡선이다. 세로축(P)을 중심으로 보았을 때 주어진 가격수준에서 생산자가 판매하고자 하는 최대한의 수량을 보여준다. 공급곡선의 수평거리는 판매할 용의가 있는 최대수량을 나타내며, 가로축(Q)을 중심으로 보았을 때(공급곡선의 수직거리) 주어진 수량에서 생산자가 지불하고자 하는 최소금액을 보여준다. 이는 재화의 추가생산에 따른 비용의 증가분인 한계비용(marginal cost)을 나타낸다.

공급량의 변화는 가격이 변하면서 판매하고자 하는 양이 변한다는 것을 의미한다. [그림 2-3]에서 알 수 있듯이 이는 공급곡선상의 이동이며 공급량의 변화요인이 오직 가격뿐이라는 것을 나타낸다.

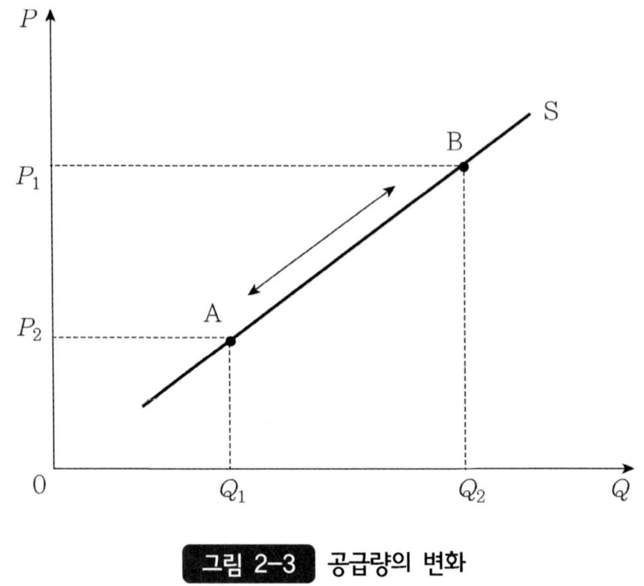

그림 2-3 공급량의 변화

한편 공급의 변화는 가격이 일정하다고 가정했을 때 가격이외의 요인에 의해 공급량이 변하는 것을 말한다. 이는 공급곡선 자체의 이동이며 공급의 증가는 공급곡선을 오른쪽으로 이동시키고 반대로 감소하면 왼쪽으로 이동시킨다. 이러한 변화는 생산기술의 발전, 생산요소 가격의 변화, 조세 및 정부보조 등이 요인으로 작용한다.

5) 공급의 법칙과 공급(량)의 변화

공급의 법칙은 다른 모든 조건이 일정할 때 가격이 상승하면 공급량은 증가하고 가격이 하락하면 공급량이 감소하는 관계를 나타낸다. 즉, 가격과 공급량의 정의 관계를 공급의 법칙이라고 한다. 공급의 법칙이 성립한다는 것은 공급곡선이 우상향한다는 것을 의미한다.

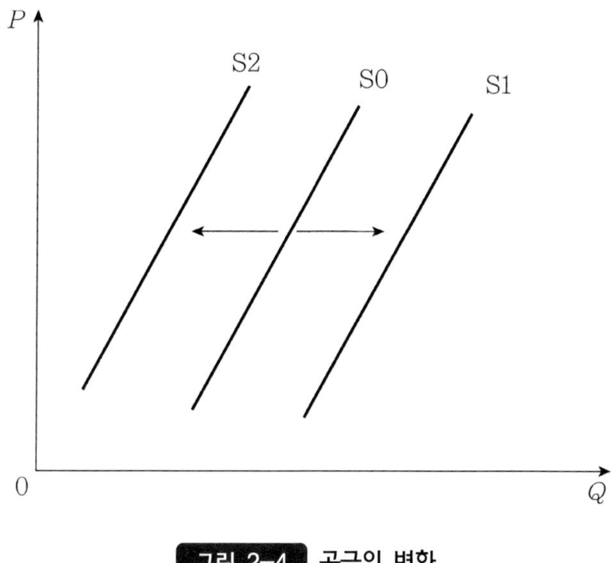

그림 2-4 공급의 변화

공급곡선이 우상향하는 것에 대해 두 가지 견해가 있다. 왈라스(L. Walras)는 가격이 상승하는 재화는 이윤극대화를 추구하는 생산자의 행동에 의해 공급량이 증가한다는 것이다. 마샬(A. Marshall)은 공급량이 증가하면 한 단위 더 생산하는 비용(한계비용)이 증가하여 받고자 의도하는 가격이 상승한다는 것이다.

수요량 변화와 마찬가지로 공급량 변화는 다른 모든 조건이 일정하고 해당 재화의 가격변화에 의해 공급량이 변화하는 것을 의미한다. 공급량의 변동은 해당 상품의 가격변동에 따라 공급량이 변동하는 것으로 공급곡선상의 점으로 이동한다. 공급의 변화는 가격이외의 요인이 변화할 때 생산자의 판매욕구가 변화하는 것을 말한다. 가격이외의 요인들이 변화하면 공급곡선 자체가 이동하게 된다. 〈표 2-2〉는 공급의 변화요인을 나타낸 것이다.

표 2-2 공급변동의 요인

원인	공급변화	곡선의 이동
생산요소의 가격	공급증가	우측이동
기술진보	공급증가	우측이동
기업의 수	공급증가	우측이동
보조금 지급	공급증가	우측이동
조세 부과	공급감소	좌측이동
가격 상승 예상	공급감소	좌측이동

3. 시장의 균형

1) 균형

소비자는 소비를 통해 효용을 극대화하고, 생산자는 재화 및 서비스를 생산·판매하여 이윤을 극대화하는 것에 목표를 두고 있다. 소비는 가격이 낮을수록 수요량을 늘리고 반대로 가격이 높으면 수요량을 줄인다. 이는 소비자가 가격에 민감하게 반응한다는 것으로 가격과 수요량의 관계가 역(−)의 관계에 있다는 것을 나타낸다. 반면 공급자는 가격이 상승하면 공급량을 늘리고 반대로 가격이 하락하면 공급량을 줄이는 행동을 한다. 공급자 역시 가격에 대응하여 공급량을 결정한다는 것으로 가격과 공급량의 관계가 정(+)의 관계에 있다. 균형은 한번 도달하면 외부로부터 충격이 없는 한 계속 유지되는 상태를 말한다. 일반적으로 시장의 균형은 수요량과 공급량이 같아지는 점이다. 즉, 수요곡선과 공급곡선이 만나는 지점으로 수요량과 공급량이 일치한다는 것이다. 초과수요와 초과공급이 없는 상태를 말하며 희소한 자원이 가장 효율적으로 배분되고 있다는 것을 나타낸다. 이때의 가격을 균형가격이라고 하고 거래량을 균형거래량이라고 한다.

수요의 변화가 발생하면 균형가격이 상승하고 균형거래량도 증가한다. 반면 수요가 감소하면 균형가격이 하락하고 균형거래량이 감소한다. 한편, 공급이 증가하면 균형가격이 하락하고 균형거래량이 증가한다. 공급이 하락하면 균형가격이 상승하고 균형거래량이 감소한다. 이러한 관계를 나타낸 것이 〈표 2-3〉이다.

표 2-3 균형점의 이동

구분	균형가격	균형거래량
수요 증가	상승	증가
수요 감소	하락	감소
공급 증가	하락	증가
공급 감소	상승	감소
수요와 공급이 증가	불분명	증가
수요와 공급이 감소	불분명	감소
수요 증가, 공급 감소	상승	불분명
수요 감소, 공급 증가	하락	불분명

2) 가격규제

가격의 규제정책은 정부가 시장에서 거래되는 생산물이나 생산요소의 가격을 수요와 공급의 원리에 맡기지 않고 일정 수준으로 인위적 규제를 하는 것이다. 이 정책은 거래 가격을 일정한 수준으로 규제함으로써 생산자 및 소비자를 보호하고 국민경제 발전을 도모하기 위한 목적으로 추진된다. 가격 규제 정책에는 최고가격제(가격 상한제), 최저가격제(가격 하한제)가 있다.

최고가격제(가격 상한제)는 시장의 균형가격이 지나치게 높아 국민경제에 악영향을 미치고 있고 시장원리에 의해 자동으로 문제가 해결되기 어렵다고 판단될 때, 시장균형가격보다 낮은 수준에서 가격 상한선을 설정하고, 이를 초과하는 가격수준에서 거래하지 못하도록 규제하는 정책을 말한다. 이 정책은 소비자(수요자)를 보호하기 위해 실시하고 대표적으로 아파트 분양가 규제, 이자율 규제 등이 있다. 이 제도는 ① 시장균형가격보다 낮은 가격으로 설정하여 초과수요가 발생한다는 문제가 있고, 이를 해결하기 위해 선착순, 추첨 등의 방식이 활용되기도 한다. ② 초과수요가 지속되면 최고가격보다 높은 가격을 지불해서라도 상품을 구입하고자 하는 수요자와 최고가격보다 높은 가격으로 판매하고자 하는 공급자로 인해 암시장이 발생할 수 있다는 단점이 있다.

최저가격제(가격 하한제)는 시장균형가격이 지나치게 낮아 국민경제에 악영향을 미치고 있고 시장원리에 의해 자동으로 문제가 해결되기 어렵다고 판단될 때, 시장균형가격보다 높은 수준에서 가격 하한선을 설정하고, 이보다 낮은 가격수준에서 거래하지 못하도록 규제하는 정책을 말한다. 일반적으로 생산자(공급자)를 보호하기 위해 실시하게 된다. 예를 들어 최저임금제가 여기에 해당된다. 이 제도는 ① 시장균형가격보다 높은 최저가격으로 인해 초과공급이 발생하며 노동시장의 경우 실업이 발생할 수 있다는 것이다. 그리고 ② 초과공급이 지속되면 최저가격보다 낮은 가격을 받더라도 상품을 판매하고자 하는 암시장이 발생할 수 있다는 문제가 있다.

최고가격제도는 공급부족을 예방할 수 있다. 특히 전시상황 또는 전쟁 직후 필수품을 공급하는 경우 효과가 상대적으로 크다. 그러나 공급부족은 단기적으로만 예방이 가능하다. 공급자의 이익을 감소시켜 장기적으로 생산량을 줄이는 효과가 있다. 반면 최저가격제도는 공급자의 수익성을 보장받기 때문에 경제적 효율성에 악영향을 줄 수도 있다. 최저가격제도의 도입으로 기업에 수익성을 보장해 준다면 기술개발 등을 소홀히 하여 제품의 질이 떨어질 가능성이 있다.

Chapter

03

수요와 공급의 탄력성

1. 수요의 가격탄력성
2. 공급의 가격탄력성

CHAPTER 03
수요와 공급의 탄력성

1. 수요의 가격탄력성

탄력성(elasticity)은 독립변수가 1% 변화할 때 종속변수가 몇 % 변하는가를 나타내는 지표이다. 함수식 $y=f(x)$에서 독립변수(x)가 변할 때 종속변수(y)가 어느 정도 변하는가를 나타내는 것이다. 경제학에서 독립변수와 종속변수를 비교할 때 서로 다른 재화의 단위 문제를 해결하기 위해 변화율을 사용한다. 경제학에서는 탄력성을 그리스 소문자 ϵ(epsilon)을 사용하여 표시하는 것이 일반적이다.

$$\epsilon = \frac{y\text{의 변화율}(\%)}{x\text{의 변화율}(\%)} = \frac{\frac{\triangle y}{y}\times 100}{\frac{\triangle x}{x}\times 100} = \frac{\triangle y}{\triangle x}\frac{x}{y} = \frac{\frac{\triangle y}{\triangle x}}{\frac{y}{x}}$$

식에서 분자 $\triangle y/\triangle x$는 경제학에서 한계(marginal)를 의미하고 분모 y/x는 평균을 의미한다. 그래서 탄력성은 한계 값을 평균값으로 나눈 값이 된다. 탄력성의 크기는 0과 무한대(∞) 사이의 값을 가진다. 탄력성은 독립변수가 1% 변했을 때 종속변수가 몇 % 변했는가를 나타내는 지표이므로 종속변수가 독립변수 변화에 대해 탄력적인가, 비탄력적인가의 기준은 탄력성이 1보다 큰 값인가 아니면 작은 값인가가 기준이 된다. 탄력성이 1보다 크면 탄력적(elastic), 1은 단위 탄력적(unitary elastic), 1보다 작으면 비탄력적(inelastic)라고 한다. 그리고 0이면 완전 비탄력적(perfectly inelastic), 무한대(∞)이면 완전 탄력적(perfectly elastic)라고 한다. 탄력도(성)의 종류에는 가격탄력도(성), 수요의 소득탄력도(성), 수요의 교차탄력도(성)가 있다. 여기에서는 가격탄력도(성)을 중심으로 설명하고자 한다.

수요의 가격탄력성은 어떤 재화나 서비스의 가격이 변동할 때 그것에 따라 수요량이 변동하는 정도로, 수요량이 가격변동에 대해 얼마나 민감하게 반응하고 있는가를 측정하는 지표의 역할을 한다. 독립변수의 변화에 대하여 종속변수가 얼마나 반응하는가의 정도를 나타내는 것으로 가격변화율(%)로 수요량 변화율(%)을 나누어 측정한다. 가격이 1% 변화할 때 수요량의 변화율(%)을 나타내며 통상 절대 값으로 측정한다. 가격이 10% 하락할 때 수요의 법칙에 의해 수요량이 20% 증가하면 탄력성은 2가 된다. 생필품과 대체재가 없는 상품일수록 탄력성의 값이 작아진다.

가격변화에 대한 반응의 정도를 수요곡선으로 나타낼 수 있다. 일반적으로 가격에 대해 수요가 민감하게 반응하는 경우 수요곡선의 기울기는 완만하다. 기울기가 완만할수록 가격변화에 대한 반응이 민감하다는 것으로 이를 탄력적이라고 한다. 반대로 반응이 작은 경우의 기울기는 수직에 가까운 형태를 갖는다. 수요곡선이 수직에 가까우면 가격변화의 반응이 작다는 것으로 가격이 상승 또는 하락해도 수요량에 미치는 영향이 작다. 이를 비탄력적이라고 한다. 참고로 수요의 가격탄력성이 완전탄력적인 경우 수요곡선이 수평을 이루고 완전 비탄력적인 경우 수요곡선을 수직으로 나타낸다. 단, 탄력성의 크기는 수요곡선의 기울기만으로 나타내는 것이 아니라는 것에 주의할 필요가 있다.

표 3-1 수요의 가격탄력성

수요의 가격탄력성	가격변화와 수요량 변화	비고
$\varepsilon=\infty$(완전 탄력적)	가격불변 수요량 변화	수평인 수요곡선
$\varepsilon>1$ (탄력적)	가격 변화율 〈 수요량 변화율	사치품
$\varepsilon=1$ (단위 탄력적)	가격 변화율 = 수요량 변화율	수요곡선이 직각 쌍곡선
$0<\varepsilon<1$ (비탄력적)	가격 변화율 〉 수요량 변화율	필수품
$\varepsilon=0$(완전 비탄력적)	가격 변화, 수요량 불변	수직 수요곡선

수요의 가격탄력성에 영향을 미치는 요인으로 ① 생필품과 필수품, ② 대체재의 존재, ③ 가격변화에 대한 소비자의 반응시간 등이 있다.

[그림 3-1]은 탄력도가 일정한 수요곡선을 나타내고 있다. D_1은 수평수용곡선으로 탄력도가 모든 점에서 ∞로 일정하고, D_2는 수직선으로 탄력도가 모든 점에서 0으로 일정하다. D_3은 직각쌍곡선으로 탄력도가 모든 점에서 1로 일정한 것을 나타낸다.

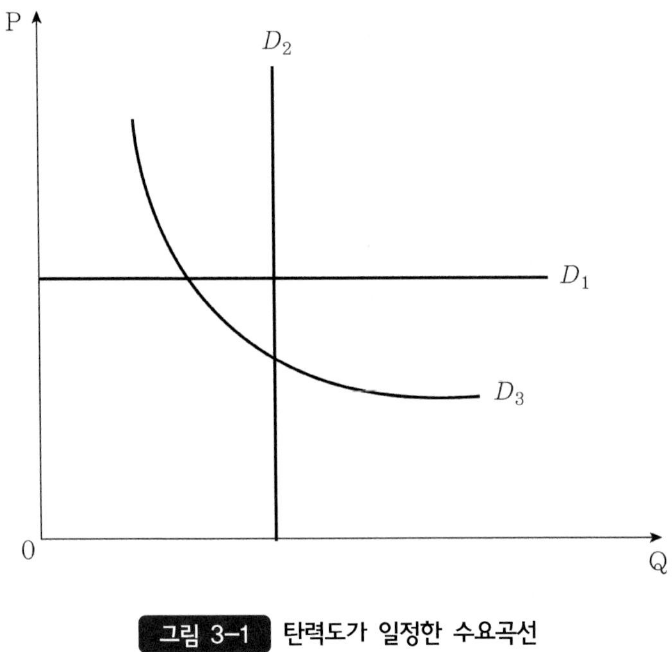

그림 3-1 탄력도가 일정한 수요곡선

2. 공급의 탄력성(price elasticity of supply)

공급의 가격탄력성은 재화나 서비스의 가격이 변화할 때 공급량이 얼마나 민감하게 반응하고 있는가를 나타낸다. 즉, 가격이 1% 변화할 때 공급량의 변화율을 말한다. 공급법칙에 따라 가격 상승 시 공급량이 증가하므로 공급의 가격탄력성은 항상 양의 값을 가진다.

공급의 가격탄력서도 0과 무한대 사이의 값을 가지며 1보다 크면 탄력적, 1보다 작으면 비탄력적이라고 한다. 공급곡선이 수직선이면 가격탄력성은 0이고 공급곡선이 수평이면 무한대, 원점에서 출발하는 직선의 공급곡선은 모든 점에서 탄력성이 1이다.

표 3-2 공급의 가격탄력성 유형

탄력성의 크기	의미	관계	비고
$\varepsilon = \infty$	완전 탄력적	가격불변, 공급량 변화	-
$\varepsilon > 1$	탄력적	가격 변화율 〈 공급량 변화율	주로 공산품
$\varepsilon = 1$	단위 탄력적	가격 변화율 = 공급량 변화율	-
$0 < \varepsilon < 1$	비탄력적	가격 변화율 〉 공급량 변화율	주로 농산물
$\varepsilon = 0$	완전 비탄력적	가격변화, 공급량 불변	토지

공급의 가격탄력성에 영향을 미치는 요인은 ① 생산비용의 변화정도, ② 재화의 저장비용, ③ 진입과 퇴출의 용이성, ④ 유휴생산설비의 크기, ⑤ 생산기간 등이다. 생산비용의 변화정도는 생산량이 증가할 때 기업의 생산비용이 급격히 증가한다면 가격변화 시 공급변화가 어려워져 공급의 가격탄력성이 낮아진다. 재화의 저장비용은 생산된 상품의 저장비용이 많다면 가격이 상승하거나 하락할 때 기업이 대응하기 어려우므로 공급의 가격탄력성이 낮아진다. 그리고 진입과 퇴출의 용이성은 다른 기업의 시장진입이 쉽고 기존 기업의 시장이탈이 쉬울수록 가격이 변화 시 생산량 변화가 커지므로 공급의 가격탄력성이 커진다. 또한 유휴생산설비의 크기는 유휴생산설비가 많을수록 가격 상승 시 공급량 증가가 용이하므

로 공급탄력성이 커진다. 생산기간이 짧은 상품은 가격이 변화할 때 공급량의 조절이 용이하므로 상대적으로 공급의 가격탄력성이 크게 나타난다. 반대로 생산기간이 긴 상품은 가격이 변화할 때 공급량의 조절이 어려우므로 상대적으로 공급의 가격탄력성이 작게 나타난다.

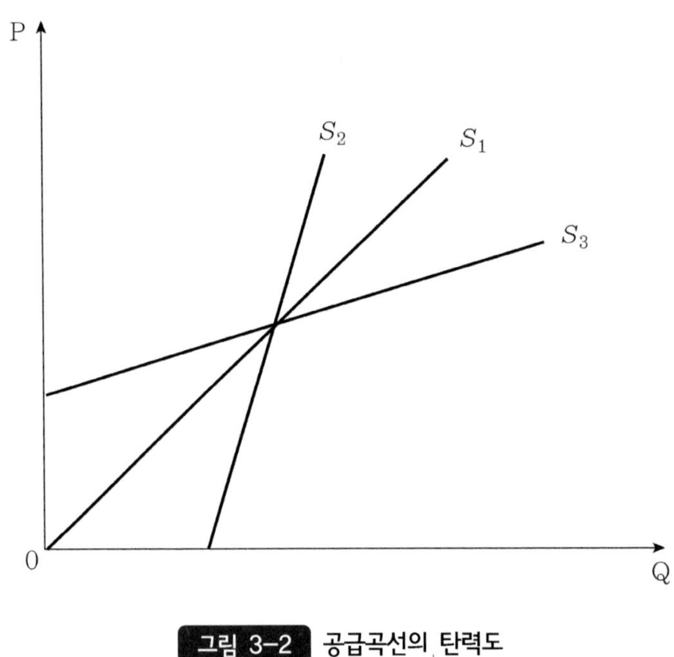

그림 3-2 공급곡선의 탄력도

공급곡선의 형태를 3가지로 나누면 S_1, S_2, S_3으로 나타낼 수 있다. 가격 축을 지나는 공급곡선 S_3은 탄력적이며, 원점을 지나는 공급곡선 S_1은 단위 탄력적이다. 그리고 수량 축을 지나는 공급곡선 S_2는 비탄력적이다. 이를 정리하면 탄력도는 $S_3 > S_1 > S_2$의 크기로 나타낼 수 있다.

Chapter 04

수요·공급이론의 응용

1. 사회적 잉여
2. 조세의 전가와 귀착

CHAPTER 04

수요·공급이론의 응용

1. 사회적 잉여

소비자와 생산자가 시장에서 만나 거래를 하며 교환을 통해 이득을 얻게 된다. 여기서 잉여에 대해 살펴보기로 하자. 소비자잉여(consumer surplus)는 소비자가 어떤 상품을 소비하기 위해 지불할 용의가 있는 최대금액과 실제로 지불한 가격 사이의 차이로 측정된다. 소비자의 지불용의가 있는 금액은 수요곡선의 수직거리 높이로 계산되고 실제 지불한 금액은 시장가격으로 계산되므로 시장가격과 수요곡선 사이의 면적으로 구할 수 있다.

수요곡선은 가격과 양의 관계가 역(-)의 관계에 있고, 소비자의 지불의사를 대변하고 있다. 실제 소비자가 지불하는 금액은 P^*으로 소비자가 평가하고 지불의사가 있는 금액보다 낮다. 이를 소비자잉여라 한다. 소비자잉여는 소비자가 지불할 용의가 있었던 금액보다 더 낮은 가격에서 재화를 구매한 소비자가 얻게 되는 이득으로 [그림 4-1]의 삼각형 ABE에 해당한다.

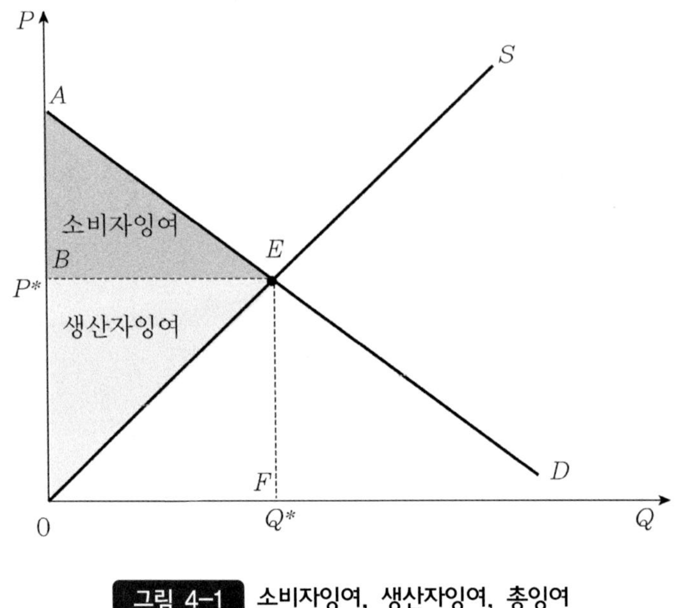

그림 4-1 소비자잉여, 생산자잉여, 총잉여

생산자잉여(producer surplus)는 생산자들이 시장거래를 통해 얻는 이득을 말한다. 생산자잉여는 생산자가 어떤 재화를 판매하기 위해 받아야하는 최소금액에서 실제 수취금액의 차이로 측정된다. 이때 생산자의 수취금액은 공급곡선의 수직거리 높이로 계산되고 실제 수취한 금액은 시장가격으로 계산되므로 시장가격과 공급곡선 사이의 면적으로 구할 수 있다.

공급곡선은 가격과 양의 관계에서 정(+)의 관계에 있고 생산자가 받아야 하는 금액을 대변하고 있다. 공급곡선 이하의 공급은 손실이 발생하기 때문에 공급이 어렵다는 것이다. 시장의 균형가격이 P^*이기 때문에 받아야하는 금액보다 받는 금액이 많다. 이를 생산자잉여라고 한다. 즉, 생산자잉여는 생산자가 재화를 공급하여 실제 받은 금액에서 받아야하는 최소의 금액을 뺀 것으로 삼각형 OBE에 해당한다. 생산자잉여는 가격이 상승할수록 커지게 된다. 두 면적의 합계를 총잉여(사회적 후생)라고 한다.

사회적 후생(OAE) = 소비자잉여(ABE) + 생산자잉여(OBE)
= 소비자가 지불용의가 있는 금액($OAEF$)
− 소비자가 실제 지불한 금액($OBEF$)
+ 생산자가 실제 받는 금액($OBEF$)
− 생산자가 받아야 하는 최소금액(OEF)

위에서 소비자가 실제 지불한 금액과 생산자가 실제 받은 금액이 동일하므로 사회적 후생은 다음과 같이 정의할 수 있다.

사회적 후생(OAE) = 소비자가 지불 용의가 있는 금액($OAEF$)
− 생산자가 받아야 하는 최소금액(OEF)

2. 조세의 전가와 귀착

조세의 전가는 정부가 경제주체에 조세를 부과했을 때 그 경제주체가 경제활동의 조정과정을 거쳐 다른 경제주체에게 조세부담을 전가하는 것을 말한다. 이러한 전가는 조세납부의 경제주체가 다른 경제주체에게 부담을 고의로 이전시킨다는 것을 의미하지 않고 경제주체들 사이에 형성되는 경제적 관계 속에서 나타나는 것이라고 할 수 있다.

정부가 생산자에 조세를 부과하면 생산자는 공급 감소를 통해 가격을 인상하고, 인상된 가격의 일부를 소비자에게 부담을 전가시킨다. 반면 정부가 소비자에게 조세를 부과하면 수요 감소를 통해 가격이 인하되고, 생산자에게 조세부담을 전가시킨다. 조세의 귀착은 조세부담이 마지막 경제주체에 귀속되는 현상을 말한다. 즉, 조세의 전가에 의해 실제적으로 조세부담이 각 경제주체들에게 귀속 되는 것을 말한다.

조세는 부과방식에 따라 종량세와 종부세로 나뉜다. 종량세는 상품 한 단위 일정액의 세금을 부과하는 것으로 상품가격과 무관하다. 공급곡선을 조세액만큼 상방으로 평행이동 시킨다. 소비자에게 부과되었을 때 소비자가 지불할 수 있는 최대 금액이 종량세만큼 하락하므로 수요곡선이 하방 이동한다. [그림 4-2]는 종량세 부과했을 때 사회후생의 변화를 나타낸 것이다.

[그림 4-2]에서 알 수 있듯이 생산자에게 한 단위당 종량세를 부과하면 가격 수준이 종량세만큼 상승하므로 공급곡선이 상방 이동한다. 종량세 부과 후 공급이 감소하면 시장가격이 P_0에서 P_1로 상승한다. 균형가격이 인상되면서 소비자는 예전보다 더 높은 가격으로 가격을 지불하므로 단위당 종량세액 P_1P_2중에서 가격 상승분인 P_0P_1이 소비자 부담이 된다. 총조세액 P_1P_2중에서 소비자가 부담 P_0P_1를 제외한 P_0P_2가 생산자 부담이 된다. 소비자 가격은 소비자가 실질적으로 부담하는 가격으로 시장가격과 일치한다. 생산자 가격은 조세 납부 후 실질적으로 생산자에게 귀속되는 가격으로 시장가격에서 단위당 조세액을 차감하여 구한다. 생산자 가격은 시장가격보다 낮다. 종량세를 부과하면 총잉여가 감소($C+E$)하는데 이것이 사회적 순후생손실이 된다.

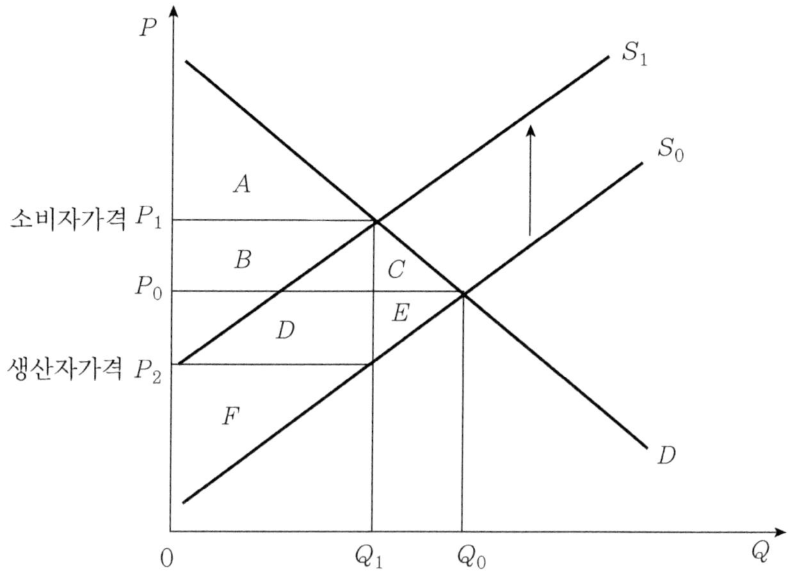

	종량세 부과이전	종량세 이후	변화
소비자잉여	$A+B+C$	A	$-(B+C)$
생산자잉여	$D+E+F$	F	$-(D+E)$
조세수입	0	$B+D$	$+(B+D)$
총잉여	$A+B+C+D+E+F$	$A+B+D+F$	$-(C+E)$

그림 4-2 종량세 부과 효과(생산자 부과)

[그림 4-3]에서 알 수 있듯이 소비자에게 종량세를 부과하면 수요곡선이 하방으로 이동한다. 수요가 감소하게 된다. 종량세 부과 후 시장가격은 P_0에서 P_1으로 하락한다. 수요 감소로 인한 가격 하락이므로 소비자는 시장가격 하락한 부분만큼의 P_0P_1를 생산자에게 전가한다.

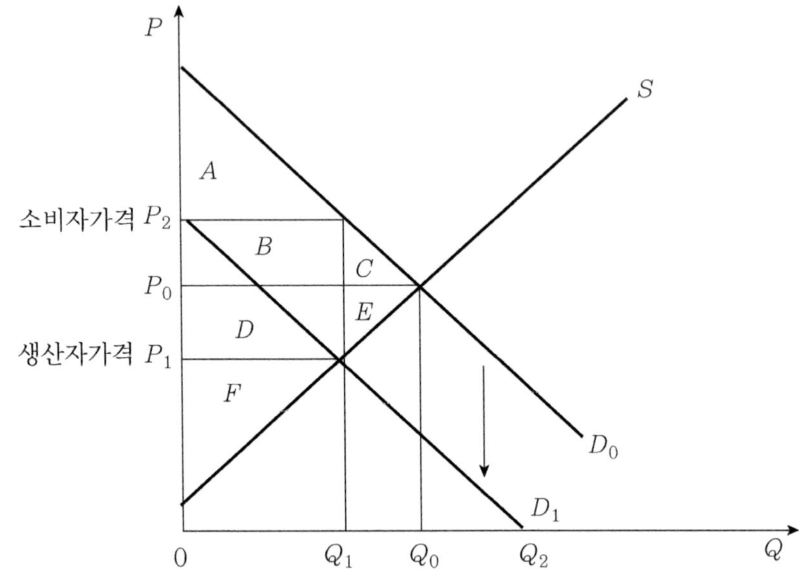

	종량세 부과이전	종량세 이후	변화
소비자잉여	$A+B+C$	A	$-(B+C)$
생산자잉여	$D+E+F$	F	$-(D+E)$
조세수입	0	$B+D$	$+(B+D)$
총잉여	$A+B+C+D+E+F$	$A+B+D+F$	$-(C+E)$

그림 4-3 종량세 부과 효과(소비자 부과)

총조세액 P_2P_1중에서 생산자 부담 P_0P_1를 제외한 P_2P_0가 소비자 부담이 된다. 조세부과 후 시장가격은 P_1이지만, 소비자는 단위당 조세액인 P_1P_2만큼을 더 지급하게 되므로 P_2가 소비자 가격이 되고 생산자는 P_1가격을 받으므로 P_1가격이 생산자 가격이 된다. 소비자 가격은 조세 납부 후 소비자가 실제로 지불하는 가격으로 시장가격에 단위당 조세액을 합한 것이므로 시장가격보다 높다. 생산자 가격은 생산자가 받는 가격이기 때문에 시장가격과 일치한다. 그리고 소비자에게 종량세를 부과하여도 사회적 순후생손실은 발생한다. 소비자에게 종량세를 부과하면 생산자에게 부과되는 동일 효과가 있다.

Chapter

05

소비자 행동 이론

1. 효용이론
2. 무차별곡선
3. 효용의 극대화

CHAPTER 05
소비자 행동 이론

1. 효용이론

한계효용 이론의 등장은 경제학에서 한계혁명으로 불리고 있다. 사람들은 다양한 소비활동을 하며, 이를 이론적으로 규명하려는 이론이 효용이론이다. 효용이란 소비자가 재화나 서비스를 소비할 때 느끼는 주관적인 만족을 말한다. 소비자들이 느끼는 만족이 다르기 때문에 객관적으로 측정하기 어렵다는 것이다. 소비자의 행동은 효용을 극대화하는 것을 목표로 한다. 이는 재화·서비스를 소비함으로써 얻는 만족도가 최대가 되도록 소비조합을 찾는다는 것이다. 다시 말해 재화·서비스의 소비에 대한 평가가치라고 할 수 있다. 효용이라는 단어가 일상생활에서 생소하지만, 만족도로 표현할 수 있다.

효용의 측정방법은 기수적 방법과 서수적 방법이 있다. 앞에서 언급하였듯이 효용은 주관적이기 때문에 만족감을 측정하기 어렵다. 그러나 절대적 크기로 수량화하여 셀 수 있다는 방법이 기수적 방법이다. 예를 들어 '피자 한 조각의 효용은 20, 콜라 한 잔의 효용은 20'처럼 양적으로 측정이 가능하다는 측정방법이다. 반면, 서수적 방법은 크기로 측정할 수 없고 순서로만 측정된다는 것이다. 예를 들어 '피자 한 조각의 효용은 사이다 한 잔의 효용보다 크다'는 것으로 나타낸다.

한계효용이론은 효용가치설의 개념을 기초로 하고 있다. 효용가치설이란 재화의 가치가 각자 주관에 따라 판단하는 효용에 의해 결정된다는 것이다. 즉, 경제적 가치는 효용에 의해 결정된다는 것이다. 효용가치설이 제기되기까지는 노동가치설이 주류였다. 노동가치설이란 노동이 가치를 창출하는 것이며 분업 등을 통해 생산성을 높여 부를 축적한다는 것이다. 이는 상품의 가치는 노동량 투입에 의해서 결정된다는 것이다.

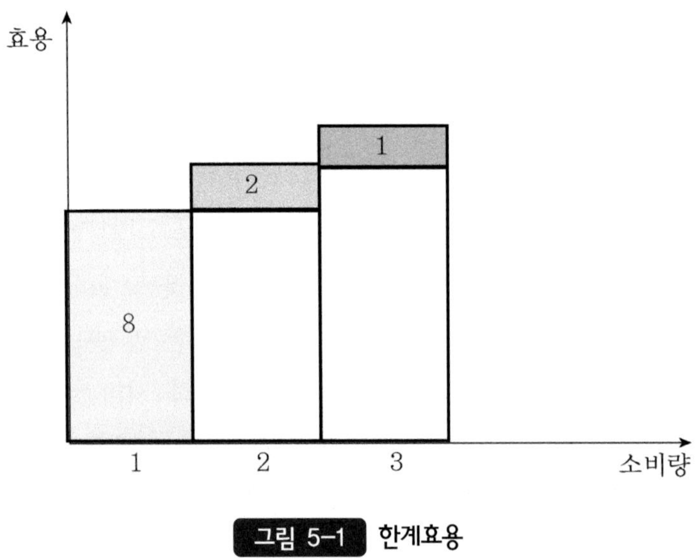

그림 5-1 한계효용

노동가치설을 기초로 하는 고전파에서 벗어나 효용가치설을 기초로 하는 한계효용이론을 제시되었고, 이를 우리는 한계혁명이라고 말한다. 그리고 한계혁명 이후, 한계이론과 시장균형 분석을 도입한 것을 신고전파라고 한다. 고전적 경제학에서 탈피한 한계혁명은 경제학사에서도 큰 획을 그었다. 한계효용이란 재화·서비스를 1단위 추가해 소비함으로써 얻는 효용의 증가분을 말한다. 한계(Marginal)는 추가적으로 1단위를 말한다.

이를 이해하기 쉽게 나타낸 것이 [그림 5-1]이다. 콜라의 한계효용은 콜라 1병 마셨을 때 한계효용이 8, 콜라 2병을 마셨을 때 한계효용이 2, 콜라 3병을 마셨을 때 한계효용은 1이다. 효용은 축적되어 가지만 한계효용은 효용의 증가분이므로 위에서 언급한 값이 된다. 이처럼 추가적으로 1단위 소비하였을 때 얻을 수 있는 효용의 증가분을 한계효용이라고 한다. 관련하여 한계효용 체감의 법칙에 대해 살펴보도록 하자. 콜라 1병을 마셨을 때 효용(만족감)은 2병째에 비교하여 높을 것이다. 2병을 마셨을 때 효용(만족감)은 3병째에 비교하여 높을 것이다. 이와 같이 마시면 효용을 높일 수 없게 된다. 이러한 현상을 한계효용 체감의 법칙이라고 한다. 한계효용 체감이란 재화의 소비량이 증가함에 따라 추가적으로 얻어지는 효용이 점차 작아진다는 것을 의미한다. 앞에서 언급하였듯이 같은 물건만 소비하면 서서히 만족도는 저하된다는 것이다. [그림 5-2]를 보면 소비량을 늘림에 따라 얻을 수 있는 효용은 점차 감소한다는 것을 알 수 있다.

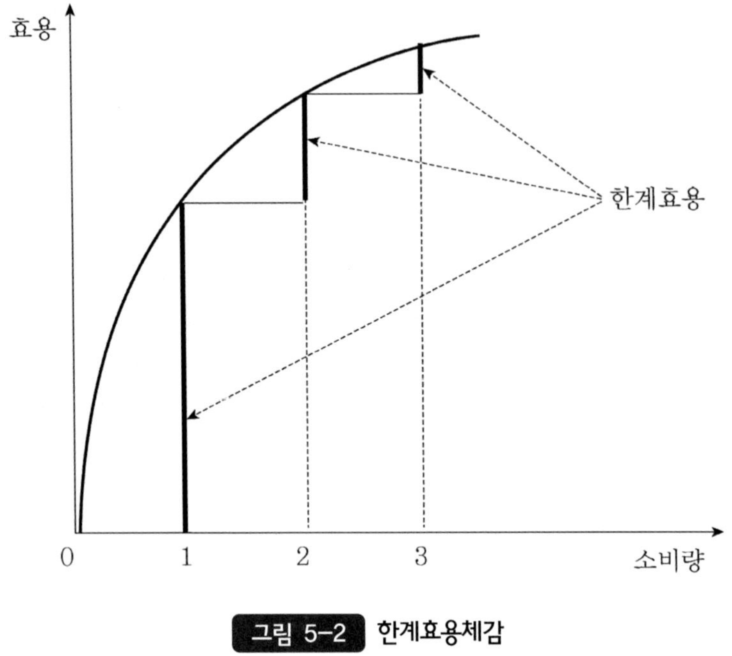

그림 5-2 한계효용체감

효용함수는(Utlity function)는 일정기간 한 재화에 대한 소비량과 그 소비로부터 얻어지는 총효용과의 관계를 함수형태로 나타낸 것이다. 소비자 행동이론에서 일반적으로 두 재화(X, Y)를 소비한다는 것을 가정한다. 효용 함수는 다음과 같다.

$$U = U(X, Y)$$

U:효용, X: X재 소비량, Y: Y재 소비량

총효용(total Utility: TU)은 일정 기간 어떤 재화를 소비함으로서 얻을 수 있는 주관적 만족의 총량을 의미한다. 총효용은 단순히 효용이라고도 부른다. 총효용은 재화의 소비량이 늘어나면 총효용이 증가하지만

무한히 증가하지는 않는다. 재화의 소비량이 일정수준을 넘어서면 총효용은 오히려 감소한다. 그리고 총효용은 한계효용(Marginal Utility: MU)의 합으로 구분된다. 즉, $TU = \Sigma MU$라는 것이다. 한계효용은 재화를 한 단위 더 소비할 때 총효용의 증가분으로 다음과 같이 나타낸다.

$$M = \frac{\Delta TU}{\Delta Q}$$

이는 한계효용은 총효용을 재화의 수량에 대하여 미분한 개념으로 총효용곡선에서 접선의 기울기를 의미한다. 일반적으로 재화의 소비량이 늘어나면 한계효용은 줄어든다. 예를 들어 한 종류의 재화만을 소비한다고 하자. 무더운 여름날 시원한 물은 최대 만족을 가져다 줄 것이다. 하지만, 두 번째 잔의 물은 첫 번째 잔의 물보다 만족도가 떨어지고 세 번째 잔의 물은 두 번째 잔의 물보다 만족이 떨어질 것이다. 이해하기 위해 [그림 5-3]은 한 재화를 소비할 때의 총효용과 한계효용의 관계를 나타낸 것이다.

[그림 5-3]에서 한 잔의 물을 마시면 증가하는 한 잔의 효용이 한계효용이고 물을 두 잔 마시면 두 번째 잔의 물이 한계효용이 된다. 계속해서 물을 마시면 느끼는 만족이 감소하게 된다. 즉, 소비단위가 증가할수록 효용의 증가 폭이 감소하게 된다. 이는 한계효용체감의 법칙이 작용하고 있기 때문이다. 총효용은 한계효용을 더하여 도출하기 때문에 한계효용곡선 아래 면적이 총효용이 된다. 한계효용이 정(+)이며 체증할 경우 총효용이 체증적으로 증가하며, 반대로 한계효용이 부(-)이면 총효용이 감소한다. 그리고 한계효용이 0일 때 총효용이 가장 크다.

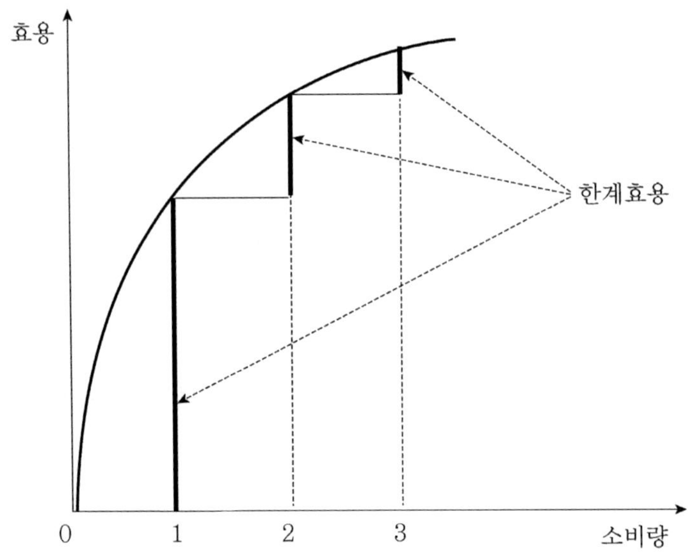

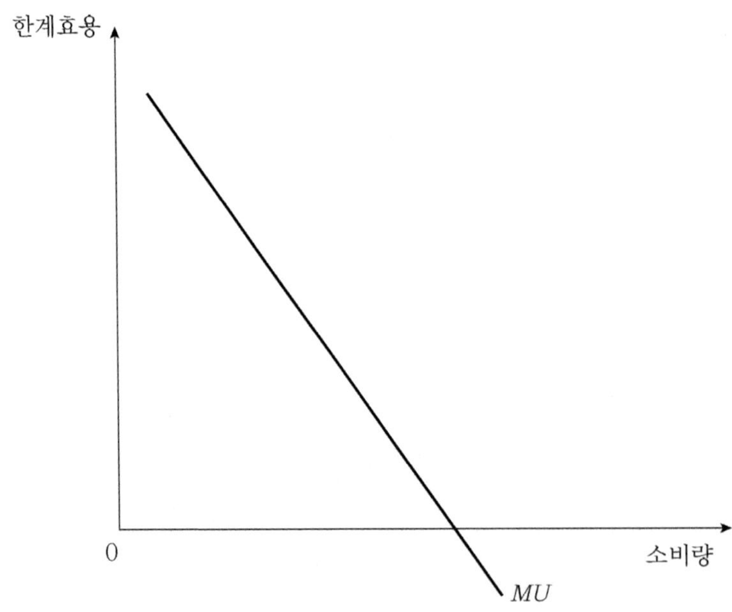

그림 5-3 총효용과 한계효용의 관계

2. 무차별곡선

한계효용이론에서는 재화의 소비에 따른 효용의 크기를 기수적으로 측정할 수 있다는 비현실적인 가정을 이용하여 소비자의 효용극대화 행위를 설명하는 문제를 안고 있었다. 무차별곡선이론에서는 서수적 효용이라는 보다 현실적인 가정을 통해 소비자이론을 설명하고 있다.

[그림 5-4]에서 X재와 Y재의 2종류 재화(소비조합)를 나타낸다. 왼쪽 아래 원점에서 상방으로 이동하면 Y재소비가 증가하고, 오른쪽으로 이동하면 X재소비가 증가한다. A점은 Y재 소비량이 많고 B점은 X재 소비량이 많다.

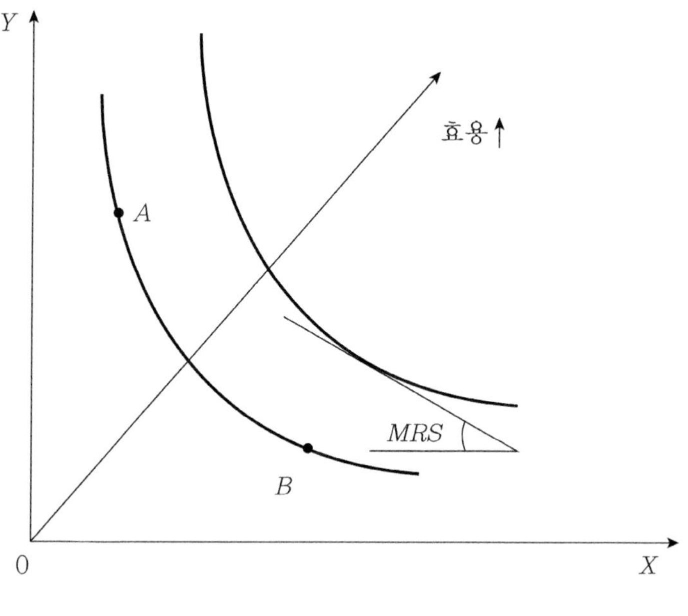

그림 5-4 무차별곡선

여기서 A점과 B점의 효용이 같다면 2개의 점 이외에도 효용이 같은 소비조합이 다수 있다는 것을 알 수 있다. 이렇게 같은 수준의 효용조합을 연결하면 무차별 곡선이 된다.

무차별곡선의 주요 성질 4가지를 나타내면 다음과 같다.

① 무차별곡선은 우하향한다. 한 재화의 소비량을 증가시킬 때 동일 효용을 유지하기 위해서는 필연적으로 다른 재화의 소비량을 감소시켜야 하므로 무차별곡선은 우하향한다. 이는 X재와 Y재가 모두 비효용재(비선호)라면 무차별곡서은 우상향한다는 것을 함의한다.

② 두 개의 무차별 곡선은 서로 교차하지 않는다. 무차별곡선이 교차하면 모순이 발생하기 때문이다. 이는 무차별곡선이 서로 교차하면 선호의 이행성을 만족하지 못한다는 것이다.

③ 무차별 곡선은 좌표평면 상의 어느 점에서도 그릴 수 있다. 이는 모든 소비 점에 대해 선호를 판단할 수 있다는 것을 의미한다.

④ 원점에서 먼 무차별 곡선일수록 효용이 높다. 한계대체율이 체감하는 현상을 나타낸다. 무차별곡선의 접선의 기울기는 같은 효용을 유지하려 한다면 X재 1단위 늘렸을 때 Y재를 얼마나 줄여야 하는지를 나타내는 것이다, 이를 한계대체율(marginal rate of substitution: MRS)이라고 한다.

한계대체율은 무차별곡선상의 두 점을 연결한 직선의 기울기 혹은 무차별곡선 접선의 기울기를 의미한다. X재 소비량이 $\triangle X$만큼 증가하면 총효용은 $MU_X \times \triangle X$만큼 변하고, Y재 소비량이 $\triangle Y$만큼 감소하면 총효용은 $MU_Y \times \triangle Y$만큼 변화한다. A과 B점은 동일한 무차별곡선상에 있으므로 X의 증가에 따른 총효용 증가분과 Y재 감소에 따른 총효용 감소분은 부호만 다를 뿐 그 절대 값은 동일하다는 것이다. 식으로 나타내면 다음과 같다.

$$MU_X \cdot \triangle X = -MU_Y \cdot \triangle Y$$
$$= -\frac{\triangle Y}{\triangle X} = \frac{MU_X}{MU_Y}$$

한계대체율은 동일한 효용수준을 유지하기 위한 X재와 Y재의 교환비율을 말한다. 무차별곡선 기울기의 절대 값으로 측정된다. 한계대체율 체감의 법칙은 ① 동일한 효용을 유지하면서 Y재를 X재로 대체하면 할수록 X재 1단위당 Y재 수량(한계대체율)이 감소하는 현상이다. ② 무차별곡선 접선 기울기의 절대 값이 X재를 증가시키면 점점 감소하는 현상이다. ③ 한계대체율이 체감한다는 것은 무차별곡선이 원점에 대하여 볼록하기 때문이다. ④ 한계대체율이 체감한다는 것은 소비자가 한 재화를 집중적으로 소비하는 것보다 여러 재화로 나누어 소비하는 것이 효용이 높음을 의미한다. 즉, 소비자는 소비의 다양성을 추구한다는 의미이다.

경제학은 희소성의 법칙으로부터 시작되므로 소비자의 소비행위도 일정한 예산제약 아래에서 이루어진다. 소비자 행동은 효용을 극대화하는 것에 최우선 목표를 둔다. 그렇다면 어떻게 구매해야 효용극대화가 되는가에 대해 살펴보기로 하자. 이를 위해 필요한 것이 예산(또는 소득)이다. A는 지갑의 모든 돈을 사용하여 만족이 최대가 되도록 두 종류의 상품을 구매한다고 가정하자. 이는 예산 범위 내에서 효용이 최대가 되도록 소비량을 결정해야한다는 것을 의미한다. 지갑 속에 있는 돈을 전부 사용하기로 했다면 지갑 속에 들어 있는 돈이 예산선이 된다. 즉, 주어진 예산에서 2종류의 재화를 구입하여 효용극대화의 소비행동을 해야 한다는 것이다. 이를 예산제약이라고 하며 식으로 나타내면 다음과 같다.

$$M = P_x \cdot X + P_y \cdot Y$$

위의 식에서 M은 예산이고 P_x는 X재의 가격(단가), X는 구입하는 X재의 양이다. 그리고 P_y는 Y재의 가격(단가), Y는 구입하는 Y재의 양이다. X재만 구입한다면 Y재 구입이 없다는 것으로 $M = P_x \cdot X$가 되고 이를 변형하면 $X = M/P_x$가 된다. 이는 밑변의 길이가 된다. 같은 방법으로 Y재만 구입하면 $M = P_y \cdot Y$가 되고 이를 정리하면 높이인 $Y = M/P_y$가 된다.

이를 정리하면 기울기는 $-P_{x/}P_y$가 된다. 기울기는 상대가격비율을 나타낸다. 즉, X재를 구입하면 Y재 몇 개와 교환(포기)되는가를 의미하는 것이다. 즉, 소비자는 주어진 예산(소득)과 재화 가격(P_x, P_y) 아래에서만 소비행위를 하며 각 재화의 지출액 합 ($P_x \cdot X + P_y \cdot Y$)은 예산($M$)과 일치해야 한다. 경제학은 합리적 선택의 학문이므로 기본적으로 모든 경제주체는 합리적 경제주체로 가정한다. 따라서 소비자 행동이론에 등장하는 모든 소비자도 합리적 소비행위를 하는 소비자라고 가정한다.

[그림 5-5]는 예산선을 나타낸 것이다. 예산선이란 주어진 소득으로 구입 가능한 X재와 Y재의 조합을 그림으로 나타낸 것이다. 지갑 속의 돈을 모두 X재 구입에 사용한다면 A점에서 소비하고, 반대로 모든 돈을 Y재 구입에 사용한다면 B점이 소비점이 된다. A점과 B점을 연결한 직선이 X재와 Y재의 소비조합이 된다. [그림 5-5]에서 기울기가 $-P_X/P_Y$인 우하향의 예산선이 도출된다는 것을 보여주고 있다.

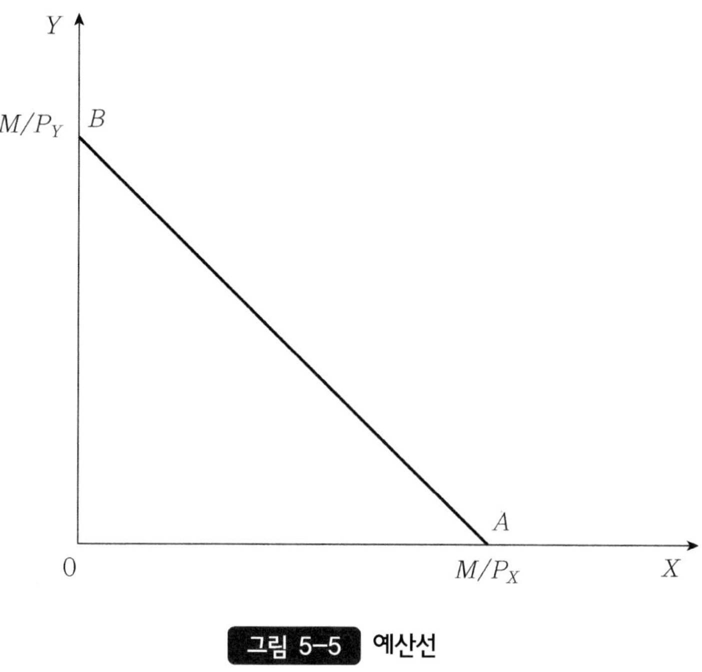

그림 5-5 예산선

3. 효용의 극대화

소비자의 효용극대화를 살펴보기로 하자. 이를 분석하기 위한 도구로 예산제약선과 무차별곡선을 이용한다. 소비자는 주어진 예산으로 효용을 극대화하기 위해 행동을 한다면 소비량은 예산제약선과 무차별곡선이 만나는 지점에서 소비량을 결정할 것이다.

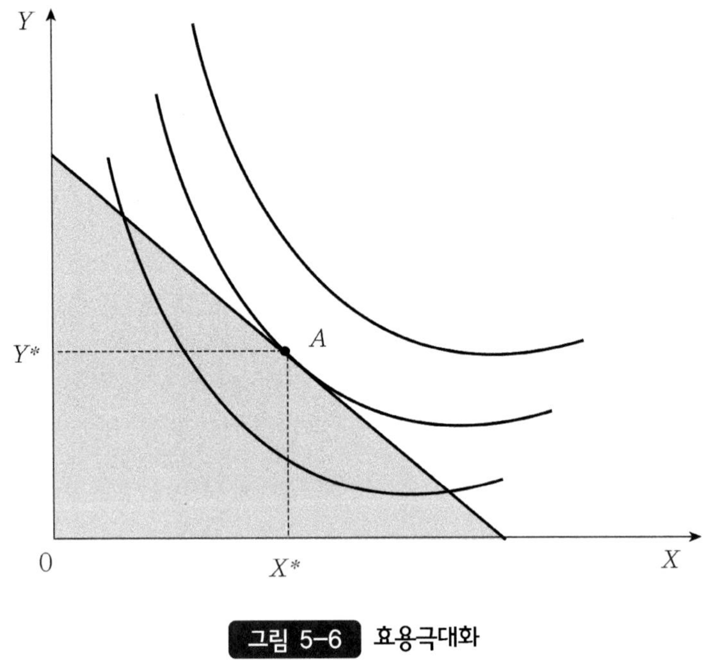

그림 5-6 효용극대화

A점이 예산제약선과 무차별곡선의 기울기가 만나는 지점이다. 이 점은 $MRS = M_X/M_Y$이며, 예산선의 기울기 가격비(상대 가격비)는 P_X/P_Y이다. A점은 무차별곡선의 기울기와 예산선의 기울기가 일치하는 점으로 식으로 나타내면 다음과 같다.

$$MRS = \frac{M_X}{MI_Y} = \frac{P_X}{P_Y}$$

1) 소득의 변화

소비량 결정에서 예산은 구매행동을 제약한다. 그래서 예산(소득)의 변화에 대해 살펴보기로 하자. [그림 5-7]의 소득의 변화로 예산선이 우측으로 평행 이동하였다. 이는 더 많은 재화의 구입이 가능하다는 것을 나타낸다.

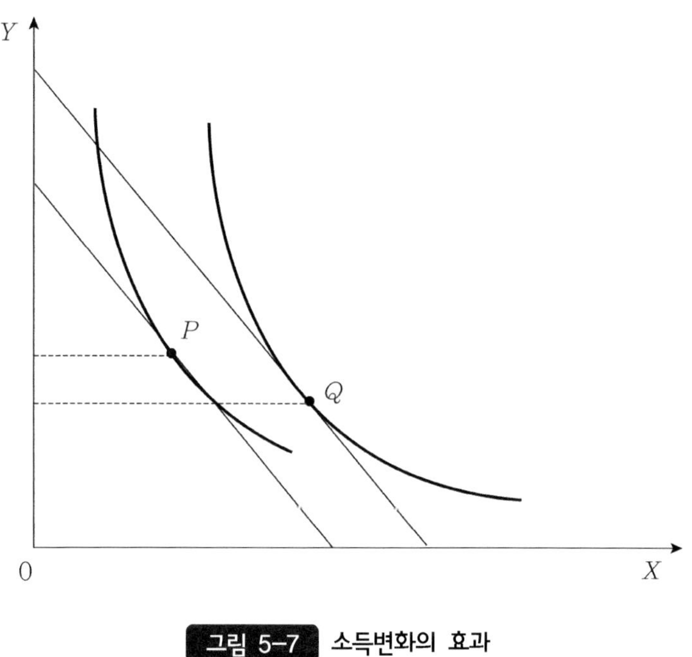

그림 5-7 소득변화의 효과

소득 증가를 예산선 상에서 나타내도록 하자. 소득이 늘어나면 X재, Y재 모두 전보다 많이 구입할 수 있다. 즉, 예산선이 밖으로 이동한다는 것이다. 한편, X재와 Y의 가격은 변하지 않으므로 예산선의 기울기는 변하지 않는다. 예산선은 외부와 평행하게 이동한다는 것이다. [그림 5-7]에서 소득이 상승함에 따라 효용 최대의 점이 P에서 Q로 이동하고 있다. 소득이 증가하면 X재 소비가 증가하고 Y재 소비가 줄어든다. 소득이 증가하면 소비도 증가하는 재화를 상급재(정상재)라고 하며, 반대로 소득이 증가하면 수요가 감소하는 재화를 하급재(열등재)라고 한다. 또한, 소득이 증가해도 수요가 변화 없는 재화를 중립재라고 한다. 예를 들어 위스키는 상급재, 맥주는 하급재가 됩니다. 소득이 하락하면 맥주의 소비가 증가하지만 소득이 상승하면 맥주에서 위스키로 소비가 전환되기 때문에 맥주의 소비는 줄어든다.

2) 가격의 변화

다음으로 소득은 변화하지 않고 가격이 변화하였을 경우를 생각하기로 하자. 지금 X재 가격만이 상승했다고 하면, 소득은 변하지 않기 때문에 X재 구매량이 감소한다. 따라서 X축과 예산선과의 교점은 원점방향으로 옮겨지며 예산선이 가파르게 된다. 반대로 X재 가격이 하락했을 때 예산선의 기울기는 완만하게 된다. 만약 X재의 가격이 하락하면 가격이 하락한 만큼 X재를 더 많이 소비할 수 있기 때문에 예산선은 Y축 이동 없이 X재의 축만 이동하게 된다. 반대의 경우 Y재축으로만 이동하게 된다.

소득에 변화가 없고 재화의 가격이 하락한다면 예산선이 이동한다고 앞에서 언급했다. 즉, 재화의 가격변화에 의해 예산선이 변한다는 것이다. Y재 가격에 변화가 없고 X재 가격이 하락하면 소비자는 상대적으로 저렴한 재화를 더 구입하게 된다. 이때의 효과를 대체효과라고 한다. 즉, 소비자의 실질소득이 불변인 상태에서 X재와 Y재 사이의 상대가격 비율에 변화가 생김으로서 발생하는 효과이다. 한편 소득효과는 상대가격의 변화가 없을 때 실질소득의 변화에 의해 발생한다. X재 가격이 하락하면서 실질소득이 증가하는 효과를 가져 온다.

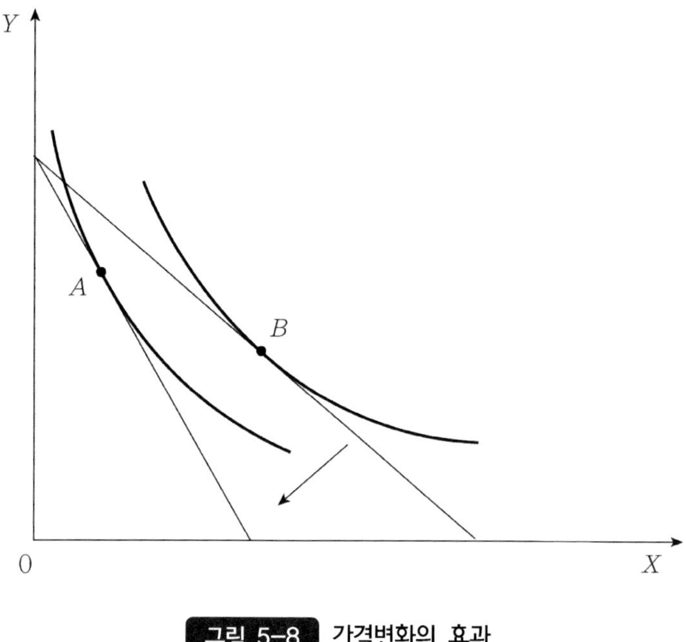

그림 5-8 가격변화의 효과

가격변화의 효과를 자세히 살펴보면, 가격상승이 소비자에게 미치는 영향은 2가지 있다. 가격상승에 따라 다른 재화로 갈아타는 영향으로 대체효과와 다른 하나는 가격상승이 물가의 상승으로 이어져 (실질) 소득이 감소하는 효과가 있다. 이를 소득 효과라고 한다. 실질소득은 재화로 계산한 소득을 말한다. 과거 100만원의 소득은 현재 1억 원보다 가치가 높다는 것으로 표현할 수 있다. 이는 과거 100만원으로 구입할 수 있는 소비량이 현재의 1억 원 보다 많았다는 것으로 해석할 수 있기 때문이다. 이는 명목소득/가격(물가)로 측정할 수 있고, 가격이 하락하면 분모가 작아지기 때문에 실질소득이 상승하게 된다는 것이다. 따라서 더 많은 재화구입이 가능하다는 것이다. 가격변화를 도식화한 것이 [그림 5-9]이다.

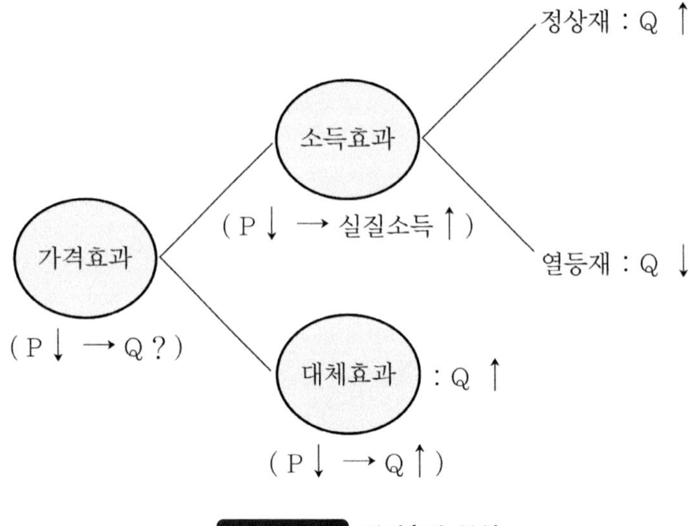

그림 5-9 가격효과 분석

재화의 가격이 하락하는 경우 가격효과는 다음과 같다.

① 정상재는 소득효과와 대체효과가 동일한 방향으로 작용한다.

② 열등재는 소득효과와 대체효과가 반대방향으로 작용한다.

③ 정상재는 기펜재가 될 수 없다.

④ 기펜재는 열등재 중에서 소득효과가 대체효과보다 큰 재화이다.

⑤ 대체효과는 항상 음(-)이다.

⑥ 정상재는 수요법칙을 충족한다.

⑦ 수요의 법칙을 충족하지 못한다면 반드시 열등재이다.

⑧ 열등재가 항상 수요의 법칙을 위배하는 것은 아니다.

앞에서 설명한 기펜재는 소득효과에 의해 가격이 낮아질 때(높아질 때) 수요도 함께 감소(증가)하는 재화로, 가격과 수요의 움직임이 일반적인 수요법칙을 충족하지 못한다.

Chapter

06

생산자 행동 이론

1. 생산함수
2. 비용최소의 조건
3. 이윤극대화

CHAPTER 06
생산자 행동 이론

1. 생산함수

생산의 개념은 인간의 효용을 증가시키는 행위라고 할 수 있다. 생산요소를 사용하여 인간에게 유용한 재화나 서비스를 생산하여 소비할 수 있게 하는 활동인 것이다, 기업은 생산요소를 이용하여 재화를 생산하고 생산된 재화 및 서비스를 생산물 시장에 공급한다. 기업은 이윤극대화를 목표로 하고 있으며, 이는 총판매수입에서 총비용을 차감하여 계산된다. 생산은 투입(생산요소)과 산출(재화 및 서비스)을 한다. 앞에서 언급하였듯이 투입에는 노동, 자본, 토지 등의 생산요소이며, 산출은 생산량을 말한다. 양자의 관계를 나타낸 것이 생산함수이다.

생산함수를 이해하기 위해서는 한계생산력의 개념을 이해하여야 한다. 생산의 목적은 이윤을 최대화하는 것으로, 이를 위해 투입 비용을 가능한 한 작게 할 필요가 있다. 비용 최소화 조건에 대한 설명은 소비자 이론의 무차별곡선과 예산선을 이용한 개념과 동일하다.

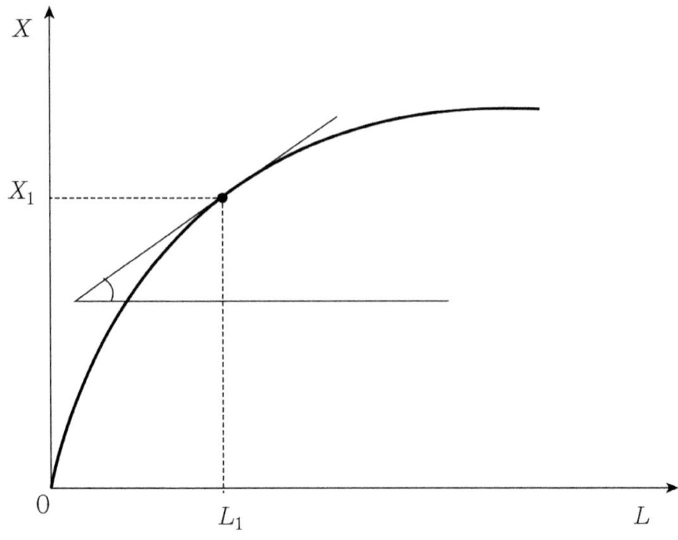

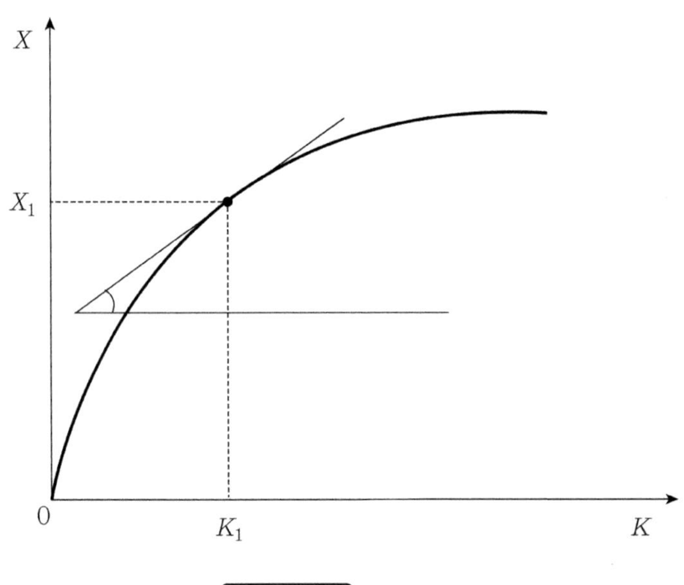

그림 6-1 생산 곡선

재화를 생산하기 위해서는 노동, 자본, 토지 등의 생산요소가 필요하며, 이중에서 토지를 제외하고 노동과 자본에 대해 설명하도록 하자. 생산함수는 생산요소의 투입량과 생산량의 관계를 나타낸 것이다. 생산요소는 자본(K)과 노동(L)으로 설정하고, 자본과 생산량의 생산함수와 노동과 생산량의 생산함수 2종류로 나눌 수 있다.

여기서는 생산요소인 자본에 대해 검토할 때, 노동이 일정하다고 가정한다. 반대로 생산요소인 노동에 대해 검토할 때 자본은 일정하다고 가정한다. 이론 전개를 위해 가정을 설정할 때 다른 생산요소를 일정하게라고 표현한다는 것이다.

[그림 6-1]의 가로축은 자본 혹은 노동의 투입량으로 세로축은 생산량이다. 일반적으로 생산함수의 형태는 볼록하다. 이는 한계생산이 체감하기 때문이다.

한계생산(Marginal Product: MP)은 다른 생산요소가 일정하고, 어떤 생산요소 1단위 증가시켰을 때 생산량의 증가분을 말한다. 즉, 생산성을 나타낸 것이다. 자본을 1단위 증가시켰을 때 생산량 증가분을 자본의 한계생산이라고 하며, 노동을 1단위 증가시켰을 때 생산량 증가분을 노동의 한계생산이라고 한다. 한계생산은 생산량을 생산요소 투입량으로 미분하여 구할 수 있다.

자본의 한계생산은 생산량을 자본의 투입량으로 미분해서 구하고, 노동의 한계생산은 생산량을 노동의 투입량으로 미분해서 구한다. 생산함수를 곡선으로 나타내면 한계생산은 그래프상의 점을 이은 접선의 기울기가 된다. 생산요소 투입량이 늘어날수록 한계생산이 점차 저하되며, 이를 한계생산체감이라고 한다.

2. 비용 최소의 조건

1) 등량곡선

앞에서 언급하였듯이 생산함수는 자본 혹은 노동의 각 투입량과 생산량의 관계를 나타낸 것이다. 여기에서 자본과 노동의 투입량 조합과 생산량에 대해 살펴보기로 하자. [그림 6-2]는 자본과 노동 2개의 생산요소 조합에 대해 곡선을 나타낸 등량곡선이다. 이 곡선은 같은 생산량을 생산하는 데 필요한 생산요소의 조합을 나타낸 것으로 소비자 이론에서 학습한 무차별곡선과 동일한 분석방법이다.

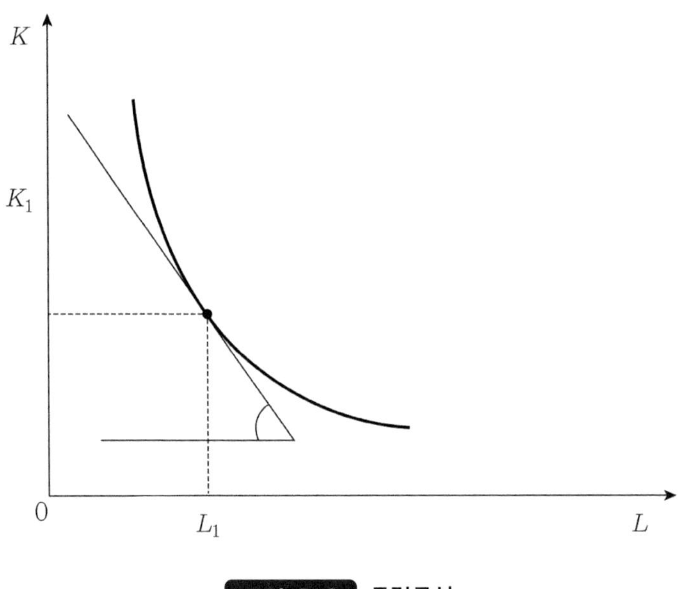

그림 6-2 등량곡선

등량곡선의 기울기는 한계기술대체율(Marginal rate of technical substitution: MRTS)이다. 이는 노동투입량을 1단위 늘릴 때 동일한 생산량을 생산하기 위해서 자본 투입량을 줄여야한다. 이는 자본의 한계생산에 대한 노동의 한계생산 비율로 나타낼 수 있다. 이러한 현상은 등량곡선이 원점에 대하여 볼록하기 때문으로 동일 생산량을 유지하기 위해 자본을 노동으로 대체하면 한계기술대체율이 점점 감소한다. 이는 두 생산요소 간의 대체가 완벽하지 않다는 것을 나타낸 것으로 한 요소를 다른 요소로 대체하기가 점점 어려워진다는 것을 의미한다.

일반적인 등량곡선은 다음과 같은 다섯 가지 성질을 갖는다. 첫째, 하나의 요소투입 점에 반드시 하나의 등량곡선이 지나야 한다. 둘째, 동일 산출량을 유지하기 위해서는 자본을 줄이면 반드시 노동을 늘려야 한다. 이는 등량곡선이 우하향이라는 것을 나타낸다. 셋째, 원점에서 멀리 있는 등량곡선일수록 산출량 많다. 산출량을 늘리기 위해서는 자본과 노동을 늘려야 한다. 넷째, 등량곡선은 서로 교차할 수 없다. 등량곡선이 교차하면 같은 요소투입으로 두 가지 이상의 산출량을 나타내는 것이므로 모순이 발생한다. 다섯째, 일반적으로 등량곡선은 원점에 대하여 볼록하다. 이는 두 생산요소가 서로 대체되지만, 생산요소 간의 대체정도가 체감한다는 것을 의미한다. 이를 한계기술대체율 체감의 법칙이라 하며 식으로 나타내면 다음과 같다.

$$MRTS = -\frac{\Delta K}{\Delta L} = \frac{MP_L}{MP_K}$$

생산함수에는 여러 형태가 있다. 콥=더글러스 생산함수와 레온티예프 생산함수이다. 콥=더글러스 생산함수는 요소대체가 정도 가능하며 원점에 대해 볼록하다. 생산량을 X, 자본을 K, 노동을 L로 하면, 함수를 다음과 같이 나타낸다.

$$X = K^{\alpha} L^{\beta}$$

K와 L의 오른쪽 상단에 붙어있는 α와 β는 지수를 나타낸다. 지수는 2제곱 등의 n제곱형태로 나타낸다. 콥=더글러스 생산함수에서 α와 β는 분수와 소수의 형태로 나타나서 $\alpha+\beta=1$이 되는 것이 일반적이다. 레온티에프 생산함수는 요소대체가 완전 보완적이다. 무차별 곡선과 같이 원점에 대해 L자형의 등량곡선이다. 이는 어떤 생산량을 생산하기 위해 필요한 자본과 노동에는 일정 조합이 있는 것을 나타내고 있다. [그림 6-3]에서 L자형 모서리 부분이 조합을 나타내고 있다.

그림 6-3 레온티에프 생산함수

앞에서 언급한 콥=더글라스 생산함수는 일정 생산량을 생산하기 위해 다양한 자본과 노동의 조합이 있음을 나타내고 있어 유연한 생산시스템이라고 할 수 있다. 이에 비해 레온티에프 생산함수는 경직적인 생산시스템이라고 할 수 있다.

2) 등비곡선

등비곡선은 생산요소 가격이 주어졌을 때 같은 총비용이 되도록 생산요소 조합을 나타낸 것이다. 등비곡선이란 주어진 총비용으로 구입가능한 자본과 노동의 모든 조합을 연결한 곡선으로 소비자 이론의 예산선과 동일한 개념이다. 노동(L) 한 단위당 임금을 w, 자본 한 단위당 이자를 r이라고 할 때 총비용(TC)을 모두 지출한다면 다음과 같은 식으로 나타낼 수 있다.

$$TC = wL + rK$$

이를 정리하면

$$K = -\frac{w}{r}L + \frac{TC}{r}$$

가 된다. 좌측은 등비곡선의 기울기를 나타내며 자본량으로 표시한 노동의 상대가격이며 자본량으로 표시한 노동 1단위 투입의 기회비용을 나타낸다. 우측은 자본(K) 축의 절편이다. 또한 등비곡선은 우하향의 직선으로 곡선상의 모든 점에서 비용이 동일하다. 기업은 등량곡선과 등비곡선의 접점에서 비용이 최소가 되는 생산요소의 최적 투입을 결정한다. 이때 비용 최소의 조건은 한계기술대체율과 생산요소의 가격 비율이 같을 때 성립한다. 즉, 노동과 자본을 이용하여 주어진 생산량을 최소비용으로 산출하기 위해서는 다음과 같은 조건이 성립되어야 한다.

$$\frac{MP_L}{MP_K} = \frac{w}{r}$$

좌측은 자본과 노동의 한계기술대체율이고 우측은 등비곡선의 기울기를 나타낸다. 이 식은 한계생산물균등의 법칙이 적용되고 있다. 자본과 노동의 투입량을 조절하여 추가적인 비용 상승 없이 생산량을 극대화하는 것이다. 반대로 동일 생산량을 최소비용으로 생산한다는 것이다.

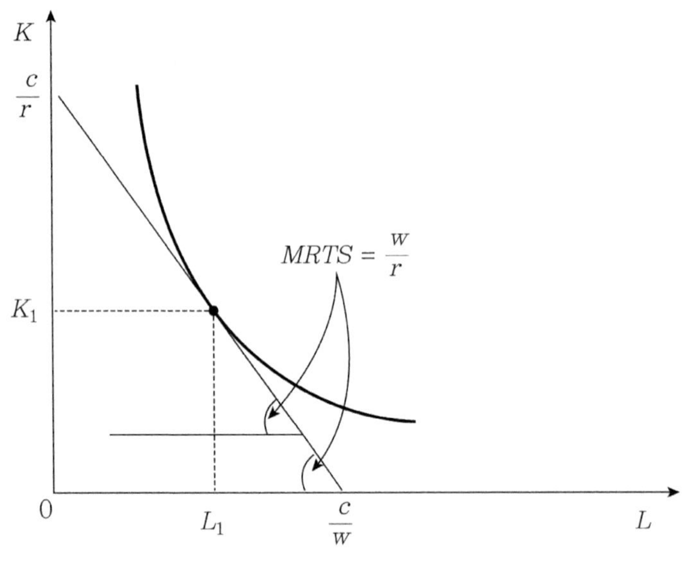

그림 6-4 최적의 생산 점

한계생산물 균등의 법칙은 생산자의 균형조건으로 산출량 극대화를 달성하기 위해 생산요소 구입에 지출된 한 단위의 한계생산물이 같도록 해야 한다는 것이다.

3. 이윤극대화

기업은 이윤극대를 위해 비용 최소화에 노력한다. 비용의 종류에는 회계적비용과 잠재적비용으로 나뉜다. 회계적비용은 생산자가 생산과정에서 실제 지불하는 요소비용, 원재료비용 등을 말한다. 잠재적비용은 생산자 자신의 소유 자산이었기 때문에 회계적비용으로 처리되지 않았던 귀속임대료, 귀속이자 등을 말한다. 회계적비용과 잠재직비용을 합한 것이 경제적비용이다. 여기서 생산량(Q)과 총비용(TC) 사이에는 다음의 관계가 성립한다.

$$TC = C(Q)$$

이를 비용함수라고 한다. 일반적으로 생산이 증가하면 비용도 증가하기 때문에 총비용(TC)은 생산량(Q)의 증가함수가 된다. 총비용(TC)은 생산을 시작하면서 고정생산요소에 들어가는 고정비용(FC)과 생산이 증가하면서 투입량이 증가하는 가변 생산요소의 가변비용(VC)으로 구성된다.

$$TC = FC + VC$$

여기에 고정비용과 매몰비용에는 차이가 있다는 것에 주의가 필요하다. 앞에서 설명하였듯이 매몰비용의 경우 지출된 이후 어떠한 방법으로도 회수가 불가능한 비용을 의미하며 광고비와 인테리어 비용 등이 여기에 속한다. 고정비용 중에서도 설치한 생산설비가 이동여부와 관계없이 다른 기업에서 전혀 쓸모없는 것이라면 이것에 드는 비용은 매몰비용이 된다. 고정비용으로 지출되었지만 원한다면 시간이 걸리더라도 회수가 가능하다면 매몰비용에 해당되지 않는다. 따라서 고정비용과 매몰비용은 별개의 개념으로 이해할 필요가 있다.

생산의 단기에는 자본투입량이 고정되어 있고 노동투입량만 변하므로 총비용(TC)은 고정자본과 가변노동비용을 더한 것이 된다. 총비용(TC)을 생산량(Q)로 나누면 생산물 1단위당 생산비를 나타내는 평균총비용 ATC이 도출된다.

$$ATC = \frac{TC}{Q}$$

이는 총비용곡선의 각 점과 원점을 연결하면 측정할 수 있고 U자형의 형태를 갖는다. 비용이 생산량의 증가와 함께 체감하다가 생산량이 적정수준을 초과하면 다시 증가한다. 평균고정비용과 평균가변비용은 $TC = FC + VC$의 양변을 Q로 나누면 구할 수 있다. 평균고정비용(AFC)은 고정비용을 산출량으로 나눈 값으로 고정비용이 일정하므로 산출량이 증가함에 따라 평균고정비용이 작아진다.

$$\frac{TC}{Q} = \frac{FC}{Q} + \frac{VC}{Q}$$

FC/Q는 평균고정비용 AFC가 되고 VC/Q는 평균가변비용 AVC가 된다. 평균가변비용은 총가변비용(TVC)을 생산량 Q로 나눈 값이다. 한계비용MC (marginal cost)는 생산량 1단위 증가시킬 때 총비용의 증가분을 말한다. 이를 식으로 나타내면 다음과 같다.

$$MC = \frac{\Delta TC}{\Delta Q} = \frac{\Delta TFC}{\Delta Q} + \frac{\Delta TVC}{\Delta Q} = \frac{\Delta TVC}{\Delta Q}$$

총고정비용(TFC)이 상수이므로 총비용 증가분은 총가변비용의 증가분과 같다. 한계비용은 총비용곡선을 미분한 것으로 총비용곡선 접선의 기울기로 나타낸다. 그 결과 한계비용은 U자형의 형태를 갖는다. 총비용, 가변비용, 고정비용, 한계비용, 평균비용, 평균가변비용 간의 관계 [그림 6-5]처럼 MC곡선은 ATC곡선의 최저점을 아래에서 위로 향하는 형태로 나타낸다. MC곡선이 ATC곡선의 최저점에서 교차하는 것은 MC가 ATC 수준에 미치지 못한다면 생산량의 증가는 ATC을 감소시키고 반대로 초과하는 경우 상승시키기 때문이다. 또한 MC곡선은 AVC곡선의 최저점과 교차한다. AVC곡선은 ATC곡선의 아래에 위치하고 양 곡선의 차이는 AFC와 같게 된다. 생산이론에서 성립하는 한계와 평균과의 관계가 비용에서도 같은 원리로 적용된다. ① $MC < AC(AVC)$이면 $AC(AVC)$가 감소하고, ② $MC > AC(AVC)$이면 $AC(AVC)$가 증가하며, ③ $MC = AC(AVC)$이면 $AC(AVC)$가 극소가 된다.

단기 생산의 비용곡선인 평균고정비용(AFC), 평균가변비용(AVC), 평균비용(AC), 한계비용(MC)간의 관계와 특징을 다음과 같이 정리할 수 있다.

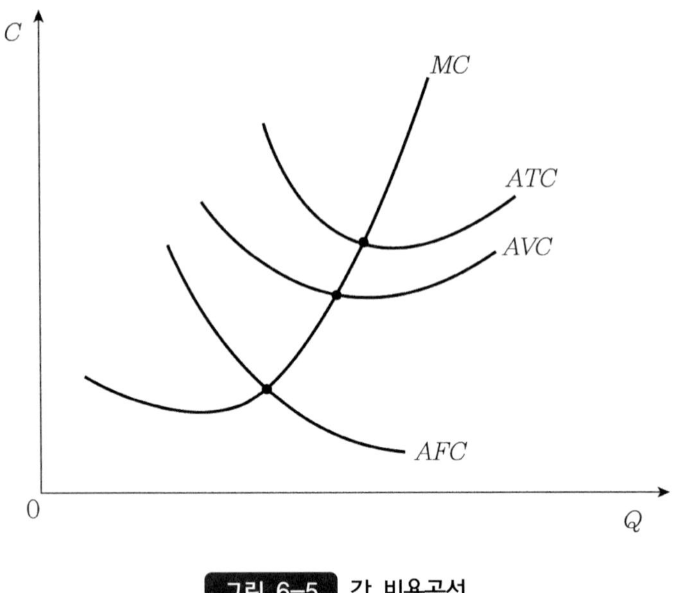

그림 6–5 각 비용곡선

첫째, ATC, AVC, MC곡선 모두 U자 형태를 가지고 있다는 것이다. ATC, AVC곡선이 U자인 것은 수확체감의 법칙이 작용하기 때문이다. 둘째, AVC는 항상 ATC아래에 위치한다. 이는 ATC는 AFC와 AVC을 합한 것이기 때문에 ATC가 AVC보다 AFC만큼 커서 AFC가 감소함에 따라 ATC는 AVC에 점점 근접한다는 것을 나타낸다. 셋째, AVC의 극소점은 ATC의 극소점보다 왼쪽에 위치한다. 넷째, MC는 AVC와 ATC의 최저점을 통과한다. 원점에서 $TC(TVC)$에 그은 직선의 기울기가 최소일 때 접선의 기울기와 같으므로 $ATC(AVC)$가 최소이면 이점을 MC가 통과한다. 다섯째, MC는 $ATC(AVC)$가 감소할 때 $ATC(AVC)$의 아래쪽에 위치하고 $ATC(AVC)$증가할 때 $ATC(AVC)$의 위쪽에 위치한다.

Chapter

07

완전경쟁시장

1. 완전경쟁시장
2. 단기의 균형
3. 장기의 균형

CHAPTER 07
완전경쟁시장

1. 완전경쟁시장

시장은 수요와 공급이 만나 거래가 이루어지는 곳이다. 우리 주변에 있는 청과시장과 어시장을 상상해 보면 알 수 있다. 직접 거래가 이루어지는 시장이 있는가 하면 온라인 거래의 주식시장과 특정 거래소가 없는 외환시장, 온실가스 감축 한도를 거래하는 배출권 거래소 등 여러 시장이 있다. 시장은 재화나 서비스가 거래되는 장소를 말하지만 구체적인 장소만을 뜻하지 않는다. 상품을 사려는 사람과 팔려는 사람이 만나 거래가 이루어지는 공간이며, 최근에는 전자상거래처럼 정보통신 기술의 발달로 시간과 공간을 뛰어넘는 다양한 형태의 시장이 등장하고 있다.

시장이 존재하면 거래 상대를 찾는 데 들어가는 비용과 시간을 단축시킬 수 있다. 만약 시장이 없었다면 자신이 필요로 하는 것을 판매하는 사람들을 찾아다녀야 했을 것이다. 시장이 형성되면서 이런 수고가 사라진 것이다. 그리고 시장은 분업과 특화를 촉진하게하고, 이로 인해 확대되었다. 자신이 필요한 물건을 모두 생산할 필요가 없고, 교환을 통해 필요한 물건을 구입하면 되기 때문이다. 여러 종류의 시장을 거래 대상, 경쟁형태, 거래장소로 구분하면 〈표 7-1〉과 같다.

표 7-1 시장의 종류

분류기준	내 용
거래대상	생산물시장(재화, 서비스), 생산요소시장(노동, 자본, 토지 등)
경쟁형태	완전경쟁시장, 불완전 경쟁 시장(독점, 과점, 독과점)
거래장소	국내시장, 해외시장

여기서 경쟁정도에 따라 구분되는 완전경쟁시장, 불완전경쟁시장(독점적 경쟁시장, 독점시장, 과점시장)에 대해 살펴보기로 하자. 완전경쟁시장은 자유로운 경쟁이 일어나는 이상적인 시장이다. 이 시장이 성립하기 위한 조건은 다음과 같다.

첫째, 소비자와 공급자는 가격지배력이 없는 가격수용자라는 것이다. 이는 시장에서 결정된 가격을 주어진 것으로 행동한다는 것이다. 둘째, 다수의 수요자와 공급자가 존재한다는 것이다. 이는 시장으로의 진입과 퇴출이 자유롭다는 것이다. 이는 초과이윤이 발생하는 산업에서는 그 이윤이 없어질 때까지 신규 기업이 진입한다는 것을 의미한다. 셋째, 재화의 동질성이다. 개별기업들은 동질의 재화나 서비스를 공급한다는 것이다. 예를 들어 모양이 다르고 맛도 다른 수박의 경우에도 개개의 재화에 차이가 없다고 상정한다. 넷째, 시장 참여자들은 모두 가격과 품질에 대한 정보를 공유하고 있다. 소비자와 공급자 모두 가격과 상품에 대한 정보를 공유하고 있기 때문에 소비자는 싸게 팔고 있는 공급자의 존재를 알고 있어 그 곳에서 물건을 구입한다. 일상생활에서 조금 더 비싸더라도 거주지 주변에 있는 공급자에게 재화를 구입한다고 생각할 수 있지만, 완전경쟁시장에서는 소비자의 이러한 행동이 없다고 가정한다.

이러한 조건을 모두 충족시켰을 때의 시장을 완전경쟁시장이라고 한다. 완전경쟁시장은 매우 비현실적인 시장이라고 할 수 있지만, 그럼에도 불구하고 완전경쟁시장이 경제학 모형의 기본이 되고 있는 것은 자원분배가 효율적이기 때문이다. 불완전경쟁시장은 공급자가 1개 밖에 없는 독점시장, 소수인 과점시장, 제품차별화로 독점적 지위를 가지고 있는 독점적 경쟁시장으로 구분된다. 완전경쟁시장과 불완전경쟁시장의 특징을 나타낸 것이 〈표 7-2〉이다.

표 7-2 완전경쟁시장과 불완전경쟁시장의 특징

구분	완전경쟁 시장	불완전경쟁 시장		
		독점적 경쟁시장	독점시장	과점시장
공급자 수	다수	다수	1개	소수
상품의 질	동질	이질	동질	동질 또는 이질
진입장벽	없음	매우 낮음	매우 높음	높음
사례	주식시장, 농산물 등	주유소, 미용실 등	전력, 철도 등	이동통신 등

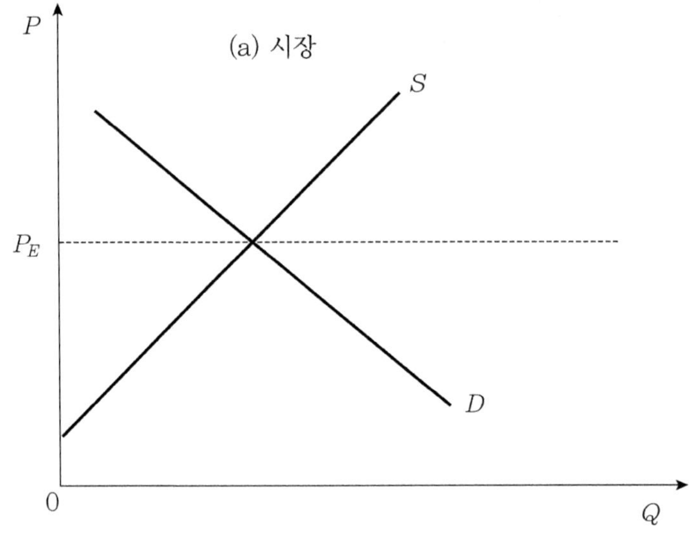

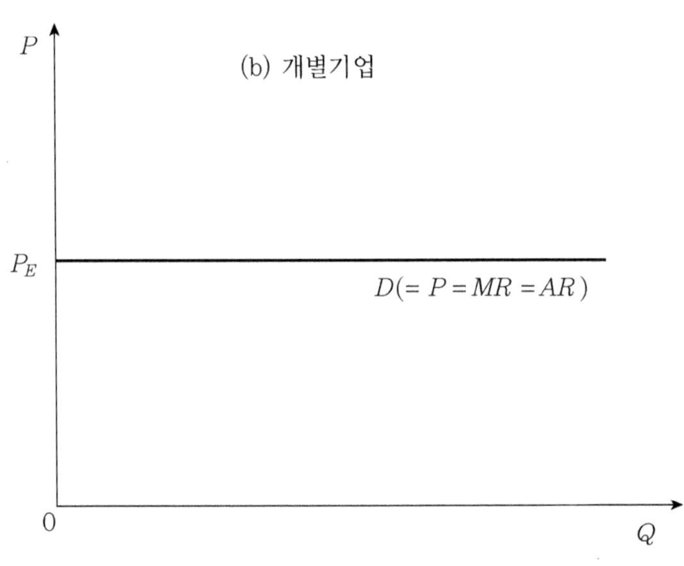

그림 7-1 완전경쟁 수요곡선

2. 단기의 시장균형

완전경쟁시장에서 개별기업은 가격수용자로써 균형을 주어진 것으로 받아들이기 때문에 개별기업이 직면하는 수요곡선은 수평이다. 수평이라는 것은 개별기업의 입장에서 주어진 시장가격에 따라 상품을 얼마든지 팔수 있다는 것을 의미한다.

만약 주어진 가격 이상으로 판매한다면 구입하는 소비자는 없을 것이다. 때문에 주어진 가격에 맞춰 판매하면 된다는 것이다. 굳이 가격을 낮춰 판매할 필요가 없다는 것이다. 이는 개별기업의 수요곡선이 수평이라는 것과 연계되어 있다. 그리고 개별수요곡선 수평의 합이 시장의 수요곡선이지만, 개별 기업이 직면하는 수요곡선의 수평의 합이 시장수요곡선이 되는 것은 아니다.

완전경쟁시장 내 개별기업의 총수입(TR)은 가격과 판매량을 곱한 것이다. 가격은 주어진 것으로 생산량이 증가하면 수입도 증가하게 된다. 이를 식으로 나타내면 다음과 같다.

$$TR = P \cdot Q$$

완전경쟁시장에서 총수입곡선은 [그림 7-2]와 같이 원점을 지나는 직선으로 나타낼 수 있다. 가격이 주어진 것이기 때문에 총수입곡선의 기울기는 가격(단가)이 된다. 평균수입(*average revenue* : AR)은 총수입을 생산량으로 나눈 것이며 단위당 수입을 의미한다. 평균수입은 가격과 같다. 이를 나타내면 다음과 같다.

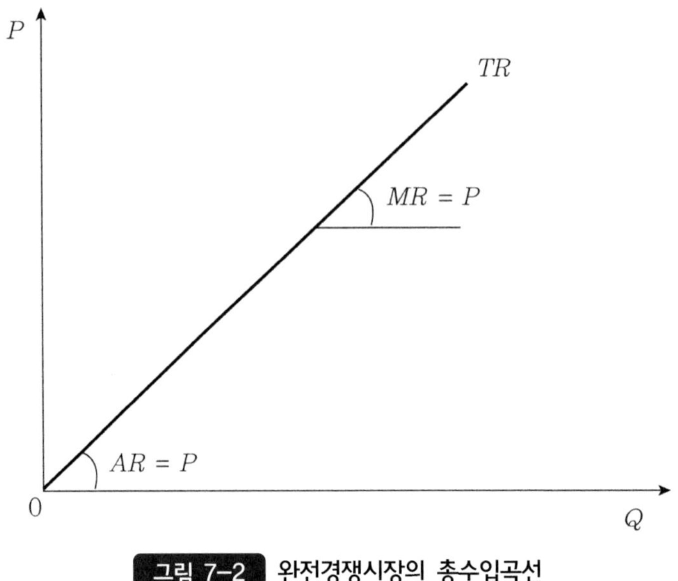

그림 7-2 완전경쟁시장의 총수입곡선

기업의 수입을 분석하기 위해서는 총수입보다 한계수입(*marginal revenue* : *MR*)의 개념이 더 유용하다. 한계수입은 생산을 1단위 변화시킴에 따라 생기는 총수입의 변화를 나타내는 것이다. 완전경쟁시장에서 기업이 1단위 추가로 생산(판매)할 때마다 추가되는 수입은 재화가격 자체이며 판매량과 관계없이 일정하다. 이를 식으로 나타내면 다음과 같다.

$$AR = \frac{TR}{Q} = \frac{PQ}{Q} = P$$

$$MR = \frac{d(TR)}{dQ} = \frac{d(PQ)}{dQ} = P$$

위 식에서 알 수 있듯이 한계수입은 가격과 같으며 총수입곡선의 기울기로 나타낼 수 있다. 즉, 한계수입=평균수입=가격이 성립한다는 것이다. 생산시설을 변경하기 어려운 단기에는 이윤창출이 어렵지만, 개별기업에 따라 초과이윤을 창출할 수도 있다. 하지만, 이윤이 증가하면 신규기업이 진입함으로서 감소하고 궁극적으로 정상이윤에 도달하게 된다.

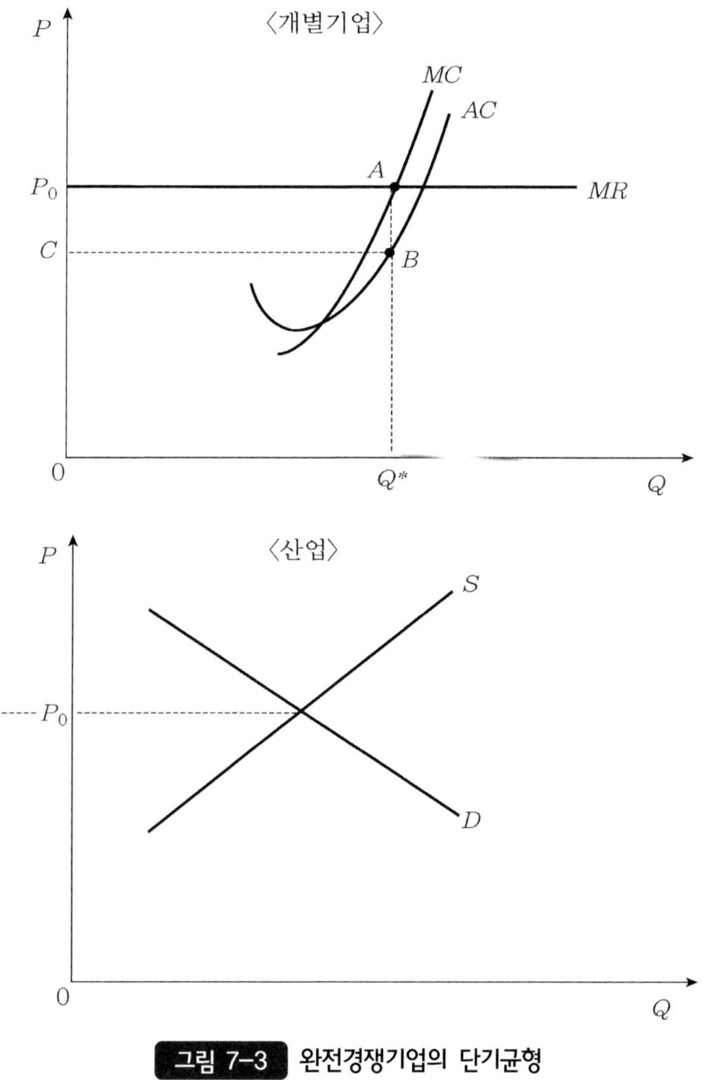

그림 7-3 완전경쟁기업의 단기균형

[그림 7-3]에서 알 수 있듯이 완전경쟁 기업의 단기균형은 $MR = MC$의 A점에서 결정된다. 만약 $MR > MC$라면 생산량을 증가시키는 것이 기업의 이익이 될 것이다. 1단위 추가 생산으로 인해 수입이 추가비용보다 더 크기 때문이다. 반대로 $MR < MC$라면 생산량을 감소하는 것이 이익이 될 것이다. 비용이 수입보다 많기 때문이다. 그래서 $MR = MC$가 만나는 점에서 이윤극대화의 균형이 이루어진다. 이윤극대화의 균형조건으로 나타난 $MR = MC$는 완전경쟁시장뿐 아니라 독점, 독점적 경쟁시장, 과점시장에서도 성립한다. $MR = MC$가 되는 단기균형조건에서 기업의 생산량은 Q^*이 된다. 생산량 Q^*에서 재화 한 단위당 가격은 P_0이고 단위당 평균비용은 OC가 된다.

일반적으로 기업의 이윤극대화 조건은 $MR = MC$이며, 완전경쟁기업은 $P = AR = MR$이 성립하기 때문에 $P = MC$에서 이윤극대화의 생산량이 결정된다.

[그림 7-4]에서 A점에서 D점까지 생산점을 연결하면 가격 변화에 따른 완전경쟁기업 이윤극대 공급량의 변화를 나타내는 곡선이 도출되며, 이를 완전경쟁기업의 공급곡선이라고 한다. 완전경쟁 기업의 공급곡선은 AVC 상방의 MC곡선이다.

손익분기점은 $P = MC$를 만족하는 수준에서 $P = AC$가 되는 점으로 AC곡선의 최저점이다. 손익분기점보다 위에서 가격이 결정되면 $P > AC$가 성립하여 개별기업이 초과이윤을 얻게 되고 손익분기점보다 아래에서 가격이 결정되면 $P < AC$가 성립되어 개별기업이 손실을 보게 된다. 즉, 정상이윤만 발생하는 B점으로 평균비용 곡선의 최저점이다.

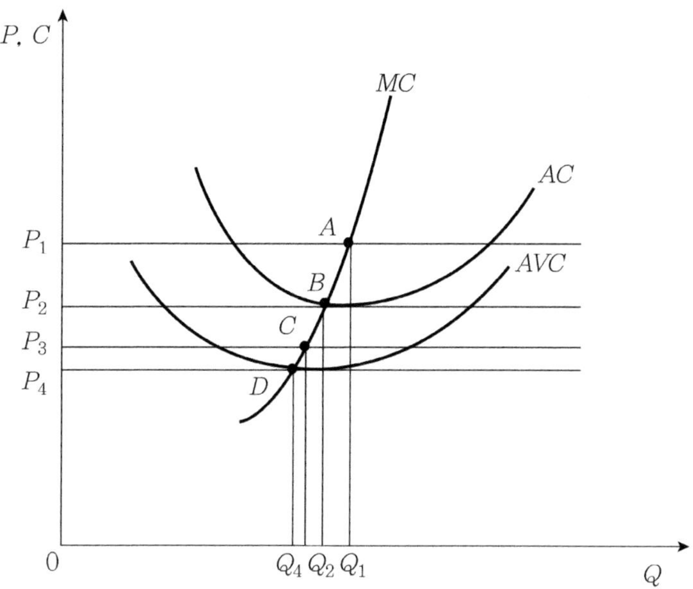

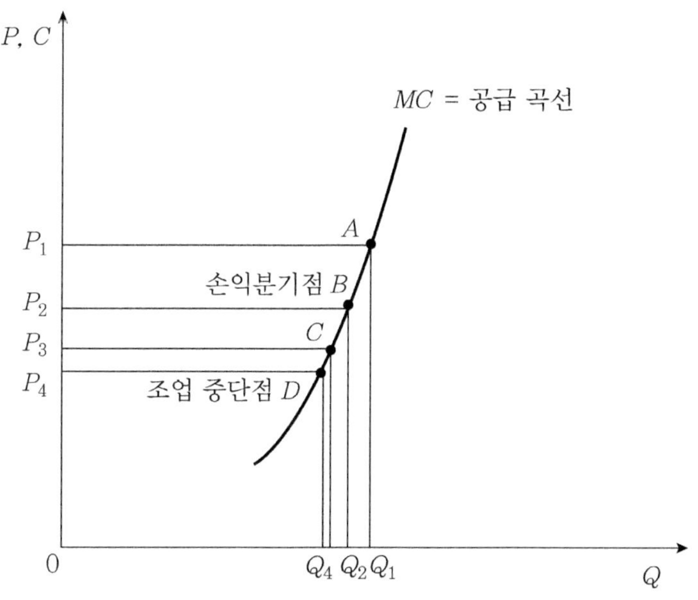

그림 7-4 완전경쟁기업의 단기 공급곡선

$P < AC$가 성립하여 개별기업이 단기 손실을 보더라도 $P > AVC$라면 생산을 지속해야 한다. 그것은 생산을 중단하면 고정비용이 손실 되지만, $P > AVC$인 경우 생산을 하게 되면 고정비용의 일부를 회수할 수 있어 생산을 중단하는 것에 비해 손실을 줄이기 때문에 생산하는 것이 유리하다. 조업중단은 생산을 지속할 경우 발생하는 손실이 생산을 중단할 때의 손실보다 큰 경우이다. $P = MC$가 성립하는 수준에서 생산을 지속할 경우의 손실은 $TC - TR = Q(AC - P)$이며, 생산을 중단할 때의 손실은 $TFC = TC - TVC$이다.

$$
\begin{aligned}
& TC - TR > TC - TVC \\
& \rightarrow TR < TVC \\
& \rightarrow P \times Q < AVC \times Q \\
& \rightarrow P < AVC
\end{aligned}
$$

표 7-3 단기 공급곡선의 가격과 생산량과의 관계

가격	AC와의 관계	이윤	생산량
P_1	$P > AC$	초과이윤	Q_1
P_2	$P = AC$	초과이윤 0	Q_2
P_3	$AVC < P < AC$	손실발생	Q_3
P_4	$P = AVC < AC$	손실발생	

생산중단 조건은 $P < AVC$이며, 조업중단점은 $P = AVC$가 된다. 이는 $P = MC$를 만족하는 수준에서 $P = AVC$가 되는 점으로 AVC 곡선의 최저점이다.

3. 장기의 시장균형

장기에는 기업의 진입과 퇴출이 이루어지고 기존 생산설비와 생산요소를 변경할 수 있다. 단기에 개별기업이 초과이윤을 얻고 있다면 신규 기업이 진입하면서 생산량이 증가하게 된다. 이는 공급곡선을 우측으로 이동시켜 시장가격이 하락한다는 것을 의미한다. 이를 나타낸 것이 [그림 7-5]이다.

[그림 7-5]에서 단기균형은 A와 a점이다. 균형생산량은 Q^*이다. a점에서는 초과이윤이 발생하여 개별이윤을 증가시키기 위해 장기적으로 생산시설을 확충하여 장기평균비용의 최저점에서 생산하려 한다.

한편 이윤의 발생으로 신규기업이 진입하면서 A점에서 B점으로 공급량이 증가하게 되어 가격은 P_0에서 P_1으로 하락한다. 시장의 장기균형은 B와 b가 된다. 이때 초과이윤이 0(제로)이 되어 최적시설규모의 평균비용 최저점에서 생산하게 된다. 즉, b점에서 최적시설규모의 자본설비하에서 평균비용이 최저수준에서 생산하므로 생산물이 가장 저렴한 가격으로 많이 생산된다. 생산의 효율성과 보유하고 있는 자본설비가 가장 효과적으로 사용되고 있는 것이다.

완전경쟁시장은 ① 효율적인 자원분배, ② 최적시설규모에서 생산, ③ 정상이윤만 획득, ④ 균등한 기회보장이라는 장점이 있다. 효율적 자원분배는 소비자의 소비량이 자신의 한계편익과 일치하는 수준에서 이루어지고 생산자는 가격수용자로 생산량이 자신의 한계비용과 일치하는 수준에서 이루어진다.

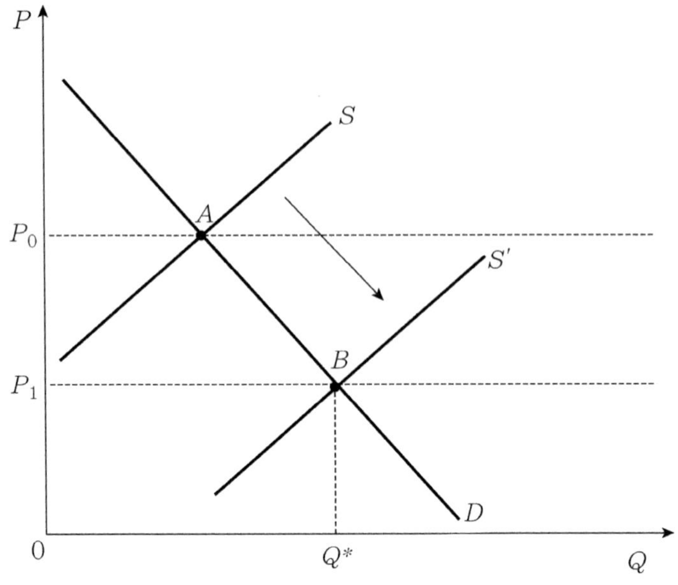

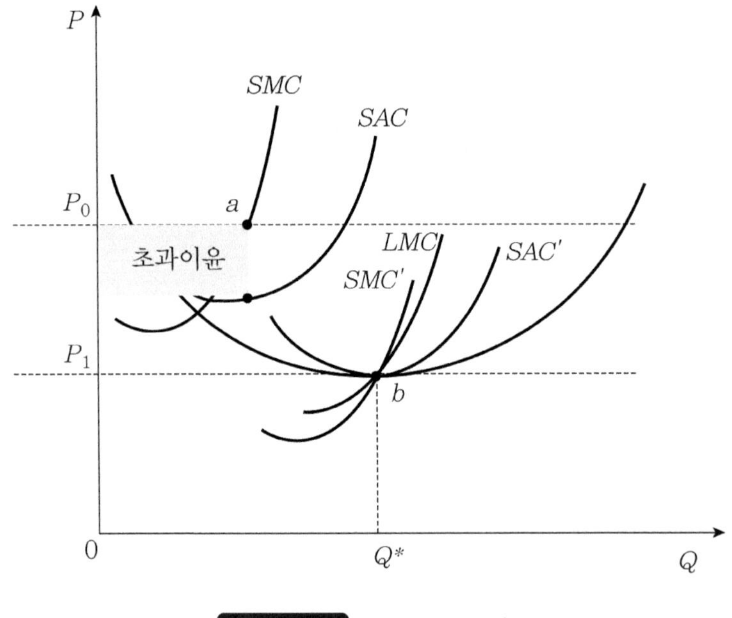

그림 7-5 기업의 장기균형

결과적으로 완전경쟁시장에 생산량은 한계편익과 한계비용이 일치하는 수준에서 이루어지므로 사회적 관점에서 최적의 자원배분이 달성되는 것이다. 최적시설규모에서 생산은 장기비용곡선의 최저점에서 생산이 이루어지기 때문에 최적시설규모에서 최적산출량 만큼을 생산한다. 정상이윤만 획득은 생산자는 최소비용으로 생산하여 정상이윤만 획득하고 소비자는 저렴한 가격으로 소비할 수 있다는 것을 의미한다. 균등한 기회보장은 완전경쟁시장에서 다수의 수요자와 공급자가 존재하여 특정인에 의해 시장상황이 변화되지 않고 진입과 퇴거가 자유로워 경제적 자유와 균등한 기회가 보장된다는 것을 의미한다.

그러나 완전경쟁시장은 비현실적인 이상적인 시장이다. 현실의 시장을 평가할 때 완전경쟁시장이 기준이 된다는 점에서 의미가 있지만, 모든 조건을 충족하지 못한다는 한계를 가지고 있다. 그리고 완전경쟁시장이 효율적 측면에서 자원배분이 실현되지만, 소득분배 측면에서 공평성까지는 보장해주지 않는다는 한계가 있다.

Chapter

08

불안전경쟁시장

1. 독점시장
2. 과점시장

CHAPTER 08
불안전경쟁시장

1. 독점시장

1) 독점의 개념

독점(monopoly)이란 재화나 서비스의 공급이 단일 기업에 의해 이루어지는 시장조직 형태를 말한다. 일반적으로 시장 지배력을 갖는 한 개의 기업에 의해 이루어지는 시장의 형태를 말한다. 생산물 시장이론에서 공급독점을 다루지만, 특수한 경우 수요독점도 존재한다. 독점시장의 특징은 다음과 같다.

① 독점기업이 독점산업이다.
- 기업의 수가 독점기업 하나이다.
- 공급량은 그 상품에 대한 시장의 총공급량과 일치한다.

② 독점기업은 가격 책정자이다.
- 시장지배력을 갖는다.
- 시장지배력과 가격설정능력을 갖고 가격 설정자로서 행동한다.

③ 대체재가 없다.

- 해당 상품을 독점적으로 공급하므로 그 상품의 대체재가 없다.
- 경쟁의 압력이 존재하지 않으며 그 결과 완전경쟁 기업보다 방만한 경영이 될 가능성이 있다.

④ 우하향의 수요곡선이다.

- 단일 기업만 존재하므로 수요곡선 자체가 독점기업이 직면하는 수요곡선이다.
- 자유롭게 가격을 결정할 수 있는 것이 아니라 전적으로 시장수요곡선에 의존하게 되므로 가격과 판매량을 동시에 원하는 수준으로 정할 수 없다.

2) 독점의 생성 배경

독점은 생산요소를 지배하는 경우나 특허권 및 정부의 허가권 등이 작용하면서 생성된다. 규모의 경제가 발생하면 기업은 생산량을 증가시킬수록 평균비용이 감소하므로 대기업이 생산규모를 크게 늘리면 낮은 비용으로 생산이 가능하기 때문에 그 산업은 독점화가 된다. 비용측면에서 우위를 점하게 되면 자연독점이 발생한다. 총비용이 감소하게 되면 시장가격이 하락하기 때문에 신규 경쟁자들의 시장진입에 대한 유인이 작아진다. 자연스럽게 독점이 된다는 것이다.

(1) 자연 독점

고정비용 규모가 큰 산업에서 생산량이 많을수록 단위당 평균 비용이 낮아진다. 이를 규모의 경제라고 한다. 이 경우 선점하여 많은 수요를 창출하는 기업일수록 낮은 평균 비용을 실현하게 된다. 다른 기업이 가격 측면에서 대항할 수 없게 되어 자연스럽게 독점상태가 실현되는 경향이 있다. 또한, 한 회사가 생산하는 것이 비용이 낮아진다는 의미에서 사회적으로 독점을 인정하는 경우도 있다. 예를 들어 전기, 가스, 수도, 대중교통 서비스 등 대형 설비가 필요한 산업은 자연독점이 되는 경우가 많다.

(2) 기업 비밀

재화·서비스 생산에 개발자만이 아는 지식이 필수불가결한 경우, 다른 기업은 그 시장에 진출할 수 없기 때문에 독점이 된다. 다른 사람이 모방할 수 없는 재능이나 노력을 통해 얻을 수 없는 재능을 투입하는 서비스도 마찬가지로 진출이 어렵기 때문에 독점이 된다.

(3) 정부의 진입장벽

특허와 같이 다른 회사의 진입이 금지되어 독점 상태가 형성되는 경우도 있다.

3) 독점시장의 균형

(1) 단기의 균형

독점기업의 수요곡선은 시장수요곡선이므로 시장수요곡선에 따라 가격을 결정하는 행동을 하기 때문에 우하향한다. 시장수요곡선이 우하향이므로 생산량이 증가할수록 가격이 하락하게 된다. 생산량을 증가시키기 위해 가격을 인하해야 하므로 가격은 상수가 아닌 변수가 되고 생산량의 감소함수가 된다. 일반적으로 판매자가 생산·판매량을 늘리면 수입이 증가하고, 생산·판매량에 따른 수입의 증분을 한계수입(Marginal Revenue; MR)이라고 한다.

독점의 가격은 평균수입과 동일하므로 수요곡선은 평균수입곡선이 된다. 수요곡선이 우하향하기 때문에 생산량이 증가하면 총수입이 증가하며 가격탄력도가 1인 지점에서 최대가 된다. 이는 독점기업도 이윤창출을 목표로 행동하기 때문에 가격탄력도가 1이상인 경우에 공급을 계속하지만, 1보다 작은 경우 총수입이 감소하여 공급을 하지 않는다는 것이다. 즉, 비탄력적인 경우에는 생산을 하지 않는다는 것이다.

독점기업의 총수입은 소비자 지출총액과 같기 때문에 $TR = P \cdot Q$로 나타낼 수 있다. 이는 가격(P)이 하락하면 판매량(Q)이 증가하여 총수입곡선은 위로 볼록한 형태를 갖는다. 평균수입(AR)은 총수입을 생산량으로 나눈 값으로 다음과 같이 나타낼 수 있다.

$$AR = \frac{TR}{Q} = \frac{P \cdot Q}{Q} = P$$

$AR = P$는 시장에 관계없이 항상 성립하며, 평균수입곡선은 원점에서 총수입곡선에 그은 직선의 기울기로 나타낼 수 있다. 한계수입(MR)은 총수입을 미분한 개념으로 판매량이 1단위 변할 때 총수입의 변화량을 나타낸다. 이 값은 가격(P)보다 작아야 한다. 한계수입을 나타내면 다음과 같다.

$$MR = \frac{\Delta TR}{\Delta Q} < P$$

한계수입은 총수입곡선의 기울기이기 때문에 총수입곡선 극대점에서 0(제로)이 된다. 곡선으로 나타내면 [그림 8-1]과 같다.

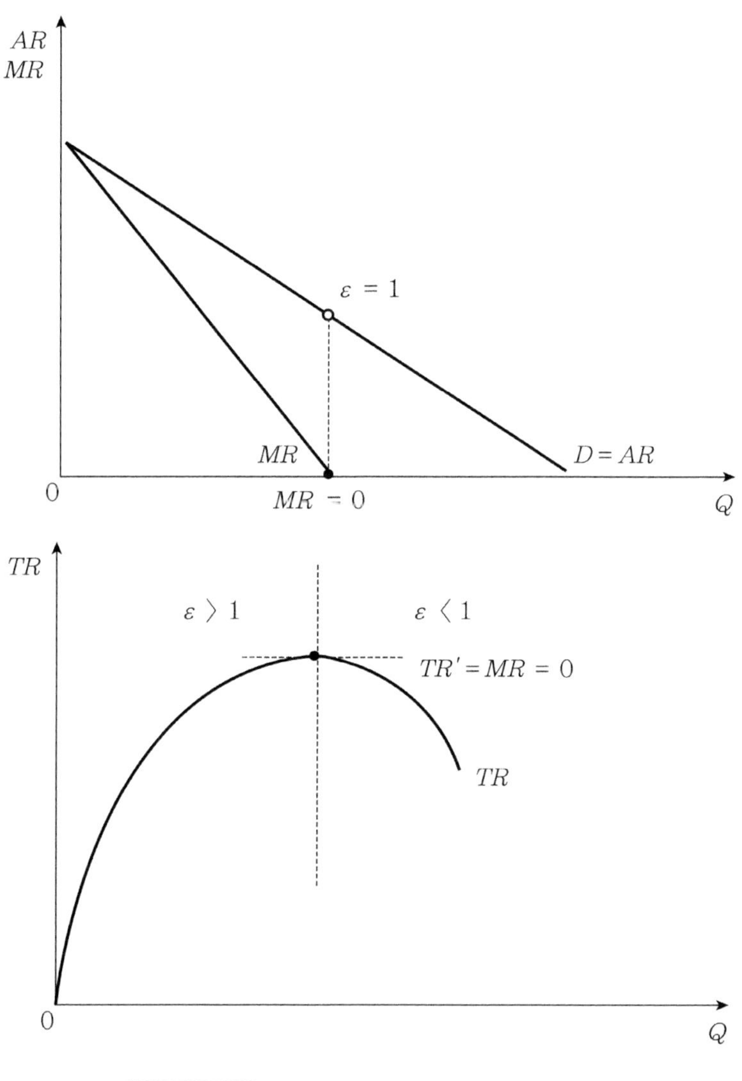

그림 8-1 독점기업 수요곡선과 한계수입곡선

MR이 0보다 큰 구간($\varepsilon > 1$)에서는 TR이 증가하고 MR이 0인 구간($\varepsilon = 1$)에서 TR이 극대가 된다. MR이 0보다 작은 경우($\varepsilon < 1$)에서는 TR은 감소한다. 따라서 앞에서 언급하였듯이 독점기업은 가격탄력도가 1보다 작은 구간($\varepsilon < 1$)에서는 생산을 하지 않는다는 것이다. 이는 한계비용이 부(−)일 수 없으므로 단기균형에서는 항상 수요곡선의 탄력적 구간에서 결정된다는 것이다. 독점기업은 완전경쟁기업과 마찬가지로 이윤극대화 조건($MR = MC$)에 따라 생산한다. 독점기업은 이윤극대화 조건에서 생산하고 가격은 독점적 지위를 이용하여 $MR = MC$보다 상위 수요곡선의 한 지점에서 결정한다.

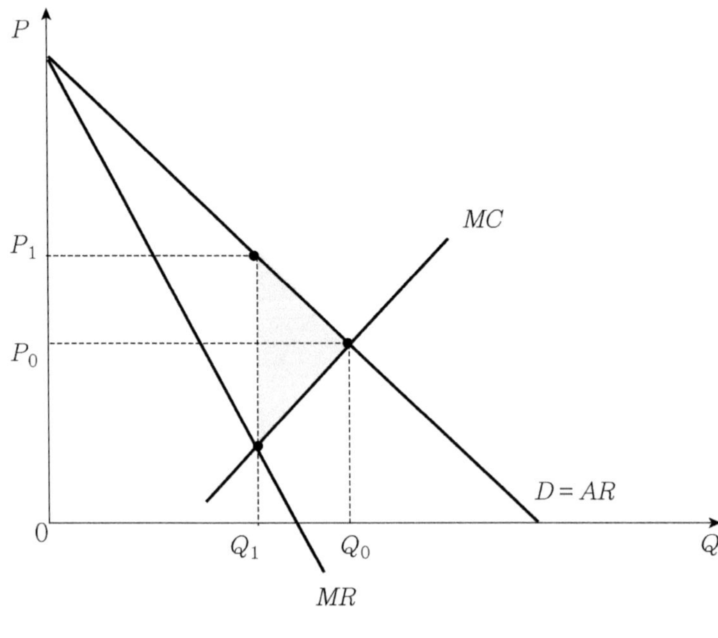

그림 8-2 독점의 단기균형

독점기업은 $MR = MC$를 만족하는 점에서 이윤극대화의 생산량(Q_1)을 결정한다. 생산량이 결정되면 가격(P_1)은 수요곡선의 수직거리만큼, 다시 말해 소비자가 지불의사가 있는 최대금액을 결정한다. 따라서 독점은 완전경쟁보다 생산량이 적고 경제적 효율성은 떨어진다.

(2) 장기의 균형

독점기업은 장기적으로 초과이윤이 발생하지 않으면 시장에서 퇴거한다. [그림 8-3]은 독점기업의 장기균형을 나타낸 것이다. 일반적으로 독점기업은 한 개이기 때문에 수요가 매우 작은 시장규모가 아니라면 초과이윤이 발생하게 된다. 초과이윤은 사각형 A부분이다. 또한 이윤극대화 조건($MR = MC$)에 따라 Q_1의 생산량을 결정한다.

하지만, 최적산출량인 SAC의 최저점 Q_2보다 적게 생산하므로 완전경쟁시장의 기업에 비해 가격을 높게 설정하고 생산량을 줄여 사회적후생의 손실을 초래한다. 즉, 장기평균비용 최저점보다 왼쪽에서 생산이 이루어져 과소생산, 유휴설비가 존재한다는 것이다. 또한 독점기업은 경쟁을 필요로 하지 않기 때문에 기술혁신 추진의 동기가 부족하다.

장기균형의 특징은 과소생산에 따른 사회적 손실이 발생시킨다. 여전히 가격이 한계비용을 초과($P > MC$)하므로 사회적 최적수준보다 적게 생산된다. 그래서 과소생산에 따른 사회적 손실을 초래한다. 완전경쟁기업은 장기에 정상이윤을 획득하지만, 독점기업은 장기에도 여전히 초과이윤을 얻는다.

장기에 손실을 보는 독점기업은 생산 활동을 계속할 이유가 없기 때문에 시장에서 퇴거할 것이다. 따라서 장기에 시장에 남아있는 독점기업은 최소한 경제적 이윤을 얻어야 한다. 장기에는 시설규모를 최적수준으로 조절하는 것이 가능하므로 비용은 단기의 비용보다 같거나 작다. 독점기업의 장기이윤은 단기이윤보다 더 큰 것이 일반적이다. 독점기업의 장기균형생산량은 장기평균비용곡선의 최소점보다도 작고, 단기평균비용곡선의 최소점보다 왼쪽에서 이루어진다. 따라서 과소생산에 따른 초과설비가 존재하게 된다.

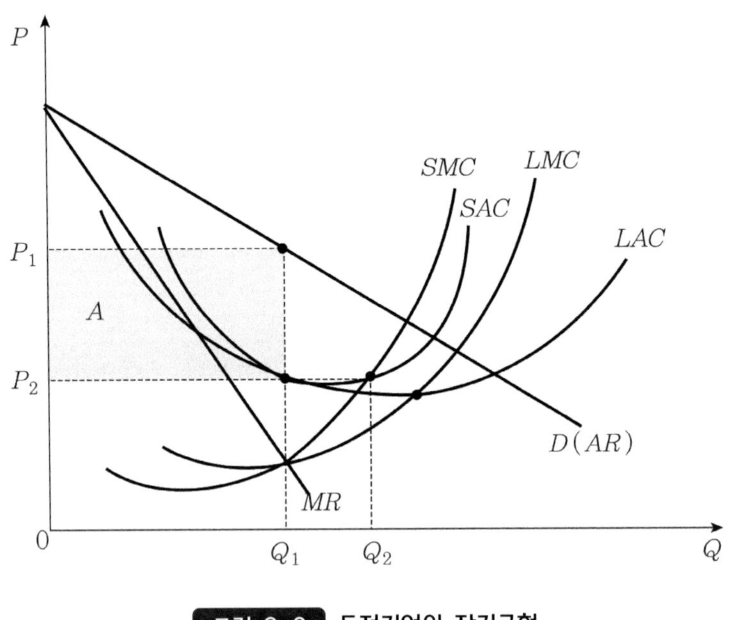

그림 8-3 독점기업의 장기균형

2. 과점시장

1) 과점시장의 개념

과점(oligopoly)이란 소수의 기업이 서로를 경쟁자로 여기면서 시장공급을 대부분 장악하고 있는 산업을 말한다. 두 개의 기업만이 존재하고 이들 기업이 시장을 지배하는 경우를 복점(duopoly)이라 하고, 거래되는 상품의 질이 동일할 경우를 순수과점이라고 하며 상품의 질이 약간씩 차이가 나는 경우 차별적 과점이라고 한다.

과점의 특징은 기업의 수가 적기 때문에 다른 기업의 행동 및 정책을 각 기업이 예측하는 것이 어느 정도 가능하다는 것이다. 그렇기 때문에 다른 기업들의 행태 변화에 대해 경쟁사들은 민감하게 반응한다. 과점기업은 이러한 기업 간의 상호의존 관계를 충분히 인식하면서 가격·생산정책을 결정한다. 또한 기업 간 가격협정을 맺고 가격을 높게 유지하려고 하거나 카르텔을 형성하여 개별기업이 독자적으로 이윤을 추구하는 것이 아닌 공동이윤을 극대화하려고 한다. 이러한 점에서 과점은 협력관계를 통해 보다 큰 이윤을 획득할 가능성이 크다.

과점의 또 다른 특징은 제품의 차별화이다. 어느 정도 밀접한 대체관계를 가지고 있으며 동일한 시장에서는 ① 광고, ② 디자인, 품질, 포장 등의 이질화, ③ AS나 신용 공여 등의 부대 서비스 등에 의해 구매자의 선호를 높이고 대체관계가 불완전할 때는 제품차별을 추진한다. 제품차별의 정도가 강해지면 제품 간 대체 관계가 약해지고 제품마다 독점에 가까운 시장이 형성된다. 이러한 제품차별을 보이는 과점시장을 차별적 과점이라고 한다. 제품을 크게 중간재, 투자재, 소비재의 3개로 구별하면 일반적으로 이 순서대로 제품차별의 정도가 강해져 과점시장의 독점화 정도가 높아진다.

2) 담합에 의한 카르텔

과점기업들은 상호간에 치열한 가격 경쟁을 피하고 가격과 수량을 협의하여 결정할 수 있다. 이러한 행위는 담합(collusion)이라고 한다. 가장 강력한 형태의 담합이 카르텔(Kartell)이다. 카르텔은 경쟁을 제한하는 기업 간의 공모라고 할 수 있다. 그 내용은 가격과 생산량 조정뿐 만 아니라 거래조건과 거래지역도 포함된다. 과점기업의 카르텔은 경쟁해야 할 기업들이 담합하여 독점적 지위를 누리는 것이므로 독점과 같은 폐해를 초래하게 된다. 이는 시장에서 결정되어야 할 가격이나 공급량을 담합한 기업들이 결정함으로써 자원의 효율적 배분을 약화시켜 사회적 손실을 초래하기 때문이다. 이러한 카르텔이 힘을 발휘하기 위해서는 담합한 기업들이 합의된 가격과 할당량을 엄격히 지켜야 한다. 어떤 기업이 합의된 가격보다 낮은 가격으로 판매한다면 많은 양을 판매할 수 있다. 이는 카르텔을 약화시키는 것으로 협약을 위반하면 다른 기업들도 가격 인하를 따르기 시작한다. 이와 같은 일종의 속이는 행위는 카르텔을 약화시키거나 붕괴시키는 요인이 된다.

3) 가격선도 모형

과점시장에서 시장전체 가격설정에 영향을 미치는 기업을 선도 기업이라고 한다. 가격선도는 시장 점유율이나 강력한 판매 채널을 가지고 있는 경우가 많아, 이를 이용하여 다른 기업의 경쟁상황을 근거로 가격을 설정할 수 있다. 만일 가격을 인하하였을 경우, 다른 기업은 자사의 점유율이 감소하는 것이 두려워 인하된 가격을 추종하게 된다. 가격선도 기업이 가격을 인상하면 다른 기업들도 가격을 인상하는 경우가 많기 때문에 가격선도 동향에 의해 소비자 부담이 늘어나게 된다. 가격선도가 되면 자유롭게 가격을 설정할 수 있기 때문에 많은 이익을 얻을 수 있다. 그 이익을 광고나 상품 개발에 투자하여 보다 많은 이익을 획득할 수 있기 때문에 업계에서의 지위가 확고해진다고 할 수 있다. 원재료 및 제조공정을 검토하여 선도가격 보다 저렴한 가격에 판매하여 이익을 창출하려는 생각을 할 수 있다.

그러나 가격선도는 강력한 생산 능력을 보유하고 있기 때문에 실제로는 보다 저렴한 가격에 판매할 수 있는 잠재력을 가지고 있는 경우가 대부분이다. 따라서 가격선도 보다 더 낮은 가격에 판매하면 가격선도 기업이 이에 대항하여 가격을 더 내리는 소모전이 시작되어 서로에게 손해가 될 수 있다. 이러한 암묵의 규칙을 이해하고 있기 때문에 과점 시장의 참여 기업들은 서로 가격으로 대항하지 않고 상품특성의 차이를 강조하는 등 점유율 확대를 도모하는 경우가 많다. 이렇게 가격이 높은 상태로 유지되는 것을 가격의 하방경직성이라고 한다. 시장에서 유리한 위치를 차지할 수 있는 가격선도 기업이지만, 가격선도가 될 수 있는 기업은 극히 일부이다. 만약 진출하는 시장에 가격 인하자가 있다면 다음 문제가 생길 수 있다.

첫째, 가격이 인상될 가능성이 있다. 가격 인하가 존재하는 시장에서는 가격선도 기업이 이익을 늘리기 위해 갑작스럽게 가격을 인상할 가능성이 있다. 앞에서 언급한 것처럼 가격선도 보다 싸게 판매하면 서로 불리한 가격 경쟁이 시작되기 때문에 가능한 한 가격을 유지하려는 기업이 많아 시장에서 가격이 인상될 수도 있다. 과점시장에서 모든 기업이 가격 인하를 추종하면 가격인상에 따른 피해는 소비자에게 전가되기 때문에 가계 압박으로 이어진다. 다만, 소규모의 기업이 가격선도 기업의 가격에 미치지 못하는 가격으로 참가하였을 경우 가격선도는 굳이 가격 경쟁을 하지 않는 수도 있고 대항하여 가격을 내릴 수도 있다. 그러면 점유율은 유지할 수 있어도 자사의 이익이 감소하기 때문에 조금 점유율이 빼앗긴다 해도 공존하는 것이 이익이라고 생각할 것이다.

둘째, 품질이 떨어질 위험이 있다. 과점시장은 점유율을 독점하는 기업이 안정적으로 이익을 창출할 수 있는 구조로 되어 있다. 그렇기 때문에 각 기업의 매출이 안정되고 경쟁이 안정되면 기업에 따라서 품질을 떨어뜨려 더 많은 이익을 확보하려고 하는 경우가 있다. 품질이 떨어지면 소비자는 이전과 같은 금액을 지불하는데도 만족도가 낮은 상품이나 서비스를 이용하게 된다. 가격이 변하지 않음에도 불구하고 구입한 상품에 대한 만족도가 저하된다.

4) 게임이론

게임이론은 과점시장의 각 기업이 상호연관 관계를 통해 전략적 상황에 처해 있을 때 과점기업 간의 경쟁과 행동들을 게임이라는 요소를 통해 분석하고 예측하는 학문이다. 과점시장은 각 기업이 처해있는 전략적 상황을 과점시장의 일반적인 이론모형으로 구축하는 것이 곤란하다. 따라서 이러한 전략적 상황에 처해 있는 기업들의 형태를 체계적으로 분석하기 위해 게임이론을 활용한다. 게임이론은 경제학뿐만 아니라 다양한 분야에서 활용되고 있다.

(1) 용의자의 딜레마

용의자 딜레마는 각자 자신에게 가장 매력적인 선택지를 선택한 결과, 협력했을 때보다 더 나쁜 결과를 가져온다. 게임이론이란 가장 좋은 선택을 위한 것으로 이해관계를 갖는 상대가 있는 상황에서 자신과 상대의 이익을 생각하고 최적의 행동을 결정하기 위한 이론이다. 예를 들어 교섭에서 자신에 이득이 있어 제안을 하여도 상대에게 이익이 없으면 성립할 가능성은 낮다. 반대로 상대만이 이득을 보는 내용도 용인할 수 없다. 관계자 모두에게 가장 좋은 선택이 무엇인가 수학적으로 이끌어내는 것이 게임이론이다. 원래는 경제학 분야에서 사용되었지만 최근에는 경영, 정치, 군사 등 모든 분야에서 응용되고 있다.

게임이론은 노이만(J. Von Neumann)에 의해 발표되었다. 노이만이 발표한 게임이론은 인간의 의사결정이 상호영향을 미친다는 것을 수학적으로 전개할 수 있는 형태로 만들었다. 이후 경제학자 모르겐슈테른(O. morgenstern)과 공동으로 『게임의 이론과 경제 행동』을 1944년에 발표하였다. 이를 계기로 게임이론이 확립되어 보급되었다. 게임이론의 대표적인 모델로 등장하는 것이 용의자와 딜레마이다. 범죄의 용의자로 체포된 두 사람의 용의자가 의사소통이 되지 않는 다른 방에서 조사를 받고 있다. 이 두 사람의 선택지는 '범행 자백', '범행 부인' 중 하나로 자백상황에 따라 받는 형벌의 무게가 달라진다.

- 한 명이 자백하고 다른 한 명이 자백하지 않는 경우 자백한 쪽이 무죄, 자백하지 않은 쪽은 징역 10년

- 두 명 모두 자백하지 않을 경우는 징역 2년
- 두 명 모두 자백한 경우는 징역 5년

표 8-1 용의자 딜레마

		용의자 B	
		범행 자백	범행 부인
용의자 A	범행 자백	(5, 5)	(0, 10)
	범행 부인	(10, 0)	(2, 2)

A, B 두 사람이 서로의 이익을 생각하고 협력한다면 자백하지 않는 것을 선택하여 징역형이 가장 가벼워진다. 그러나 서로가 자신의 이익만을 추구하여 자백하는 것을 선택한다면 자백하지 않는 것을 선택한 것보다 더 긴 징역 5년형을 받게 된다. 이렇듯 자신에게 가장 매력적인 선택지를 선택한 결과, 협력했을 때보다 더 나쁜 결과를 초래하게 되는 것을 용의자의 딜레마라고 한다. 이 구조의 이해와 관련하여 파레토 최적과 내시균형이 있다.

(2) 파레토 최적과 내시균형

파레토 최적(Pareto Optimum)은 누구도 불이익을 받지 않고 전체 이익이 최대화된 상태를 말한다. 한편 내시균형(Nash Equilibrium)은 자신의 선택을 바꾸면 이익을 얻을 수 없는 상태 = 서로 현재의 상태를 바꿀 필요가 없는 안정된 상태를 말한다. 전체의 이익을 우선하는 파레토 최적과 개인에게 합리적인 판단을 내리는 내시균형은 모순되는 부분이 있다.

용의자의 딜레마의 경우 서로 자백을 부인하면 징역 2년 형벌을 받는 것이 파레토 최적이라고 할 수 있다. 그러나 상대가 배신하고 범행을 자백할 경우 자신은 징역 10년이 된다. 이 위험을 피하기 위해 범행을 자백한다. 이 상태에서는 둘 다 범행 자백을 선택하고 이를 바꿀 필요가 없다는 것이다. 즉 용의자 딜레마에서 내쉬균형은 서로가 범행을 자백한다는 것이고, 그 상태는 파레토 최적의 상태가 아니라는 것이다.

용의자 A 용의자 B
범행 부인 × 범행 부인 = 파레토 최적(징역 2년, 희생이 없는 최고의 상태)
범행 자백 × 범행 자백 = 내쉬균형(징역 5년, 위험이 없는 것을 선택)

두 명이 이익을 최대화하는 것은 모두 범행 부인 상태이지만, 배신의 위험을 회피하기 위해 범행 자백이 합리적 선택이 된다. 개인의 합리적인 판단인 내쉬균형과 전체의 이익이 최대화되는 파레토최적과는 반드시 일치하지 않는다. 이 모순을 표현하는 것이 용의자의 딜레마이다.

Chapter

09

거시 경제학의 기초

1. 국민경제 순환
2. 국민소득 지표

CHAPTER 09
거시 경제학의 기초

미시경제학은 개별 경제주체의 행위를 분석하고 재화 및 서비스의 가격과 거래량의 결정 과정을 분석한다. 개인이나 기업이 제약 조건 하에서 자신의 효용이나 이윤 극대화를 위해 어떤 결정(선택)을 하며 이 결정이 시장 기구를 통해 어떻게 움직이는가를 다룬다. 반면, 거시 경제학은 경제 전체의 상태를 나타내는 소득, 물가, 실업, 국제수지 등 거시 변수 간의 상호작용 관계를 다룬다. 거시 경제학의 주요 연구대상은 경제성장, 경기변동, 실업과 인플레이션, 국제경제 관계 등이다. 이 지표에 대한 설명은 다음과 같다.

첫째, 경제성장이다. 세계 각국의 1인당 소득수준은 경제성장과 규모에 따라 차이가 있다. 이는 경제성장 과정에서 축적된 결과라고 할 수 있다. 경제성장은 장기적 관점에서 국민의 생활수준을 결정하기 때문에, 경제성장의 결정요인과 국가별로 격차에 관한 요인분석은 거시 경제학의 주요 분야이다.

둘째, 경기변동이다. 장기적 경제성장은 단기적 경기상승과 하강을 반복하면서 이루어지고 있다. 예를 들어 경기침체가 발생하면 실업률이 상승하고 여러 사회문제도 동시에 발생한다. 그래서 경기변동이 왜 발생하는지 그 원인을 탐색하고, 정부가 경기변동 폭을 줄이기 위해 시장에 개입하는 것이 맞는지, 그리고 어느 정도 개입해야 하는지 등에 대한 논의도 연구의 대상이 된다.

셋째, 실업과 인플레이션이다. 실업은 개인적으로 소득상실을 의미하고, 사회적으로도 손실이 발생한다. 인플레이션은 기업의 생산적인 투자를 위축시키고 경제의 불확실성을 증가시켜 안정적 성장에 저해 요인이 된다. 그래서 실업과 인플레이션의 발생 원인이 무엇인지, 그리고 어떻게 하면 물가수준을 안정적으로 유지하면서 실업을 최소화할 수 있을지 등의 문제도 거시 경제학에서 다루는 주요과제이다.

넷째, 국제수지와 환율이다. 경상수지 적자가 계속되면 외환위기와 같은 문제가 발생할 가능성이 있어 경상수지를 건전하게 유지하는 것도 거시 경제학에서 중요하게 다루고 있다. 환율은 수출입의 상대가격 변화를 통해 경상수지에 영향을 미치므로 환율도 거시 경제학에서 다루며, 환율이 무엇에 의해 결정되는지, 그리고 환율을 안정시키기 위해 정부가 개입해야 하는지, 환율제도의 장·단점이 무엇인지 등도 주요 연구대상이다.

다섯째, 정부정책도 거시 경제학의 연구대상이 된다. 경제안정화를 위해 정부가 적극적으로 재정·통화 정책을 실시하는 것이 바람직한지, 어느 정도 개입해야 하는지 등에 대해서도 논의가 이루어진다. 정부가 민간부문에 어떻게 개입할 것인지, 그리고 민간부문이 자율적인 조정기능을 갖고 있는지 등도 관련되어 있다.

여섯째, 경제순환은 생산, 분배, 지출 등 경제활동 전체의 흐름을 말한다. 거시 경제학의 경제 순환은 경제주체의 소비, 저축, 투자, 정부 지출, 수출, 수입 등 경제활동에 대해 분석한다. 이들 활동은 생산, 분배, 지출의 세 가지 측면에서 살펴볼 수 있다.

1. 국민경제 순환

경제주체인 가계·기업·정부·해외가 재화·요소·금융의 3개 시장을 통해 상호작용하고 있다. [그림 9-1]은 이를 확인을 위해 실물의 흐름을 생략하고 화폐의 흐름만을 나타낸 것이다. 경제주체 가계는 노동, 자본, 토지 등의 생산요소를 공급하고, 이를 통해 얻은 수입 일부는 세금으로 납부하고, 남은 소득(가처분가능 소득)으로 재화와 서비스의 구입을 위해 지출한다. 그런데 처분가능소득 중 소비에 사용하지 않고 은행 등의 금융기관에 민간저축을 할 수도 있다. 민간저축으로 이동한 자금은 기업으로 이동하여 기업 활동에 필요한 생산요소 구입에 사용되고, 이를 이용하여 재화와 서비스를 생산한다.

[그림 9-1]에서 알 수 있듯이 생산과 소비가 끊임없이 반복하는 순환구조를 경제라고 할 수 있다. 경제주체 중 기업은 생산주체로 노동, 자본, 토지 등의 생산요소를 이용하여 생산하고, 그 대가로 임금, 이자, 지대의 비용을 가계에 지불한다. 생산요소에 대한 비용은 기업 측에서 비용으로 계산되지만, 소비주체인 가계의 입장에서는 요소소득이 되어 소비 활동을 촉진하게 한다. 경제주체인 정부는 가계와 기업으로부터 세금을 걷어 재원을 조달하고, 이를 재화나 서비스의 구입에 사용한다. 이를 정부지출이라고 한다.

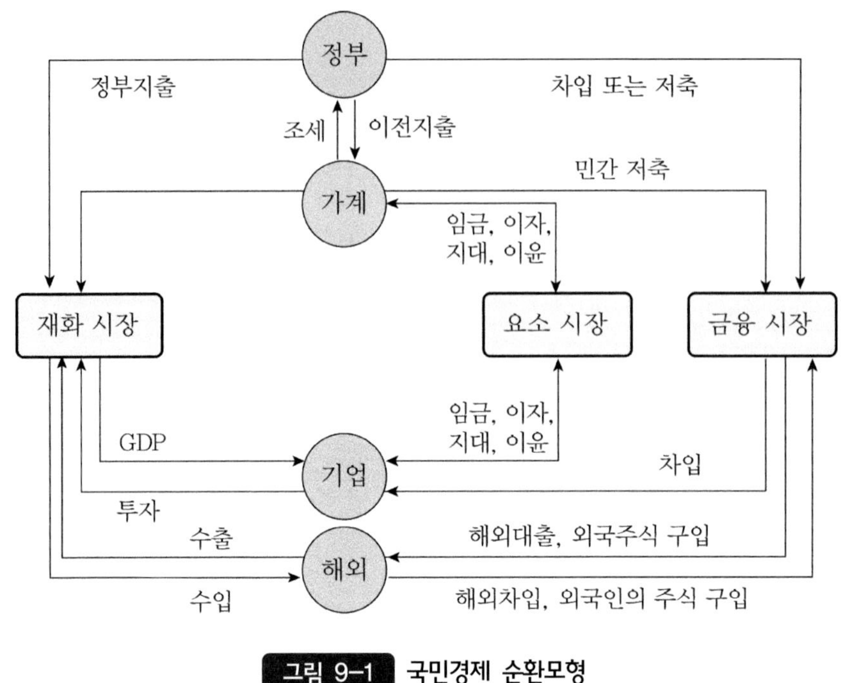

그림 9-1 국민경제 순환모형

경제주체에서 해외는 재화의 수출입(재화시장)과 자금의 대여와 차입(금융시장)을 통해 거시경제에 큰 영향을 미친다. 국민소득 순환과정에서 재정지출, 수출 등의 유입은 경제순환 규모를 더욱 크게 하며, 이를 주입이라고 한다. 반대로 순환과정에서 저축, 조세, 수입 등은 순환구조에서 빠져 외부로 빠져나가 순환 규모를 작게 한다. 이를 누출이라고 한다. 누출은 소득의 크기에 의존하지만, 주입은 소득의 크기를 결정한다.

이러한 순환은 경제 활동의 크기와 규모에 영향을 미치게 된다. 경제 활동을 측정하기 위한 지표가 국내총생산(Gross Domestic Product: GDP)이다. 이를 바탕으로 하는 소득지표가 국민총소득(Gross National Income: GNI)이다. 총생산과 총소득은 일정 기간 총생산물의 시장가치가 그 경제의 총소득으로 합계되기 때문에 생산과 분배는 등가로 측정한다. 자세히 설명하면 개인의 소득을 합하면 총소득이고, 기업의 생산과 그 과정에서 분배(임금, 이자, 지대 등)되는 비용이 같아야 한다는 것이다. 요컨대 생산과 분배 그리고 지출이 이론상으로 같은 값을 가져야 한다는 것이다. 이를 국민소득 삼면등가라고 하고, 동일 값의 국민소득을 다른 측면에서 측정한 것이다.

2. 국민소득 지표

1) 국내총생산

'일정 기간' 동안에 '국내에서' '생산된' 모든 '최종생산물'의 '시장가치'를 말한다. 여기서 '일정 기간'이란 유량(flow) 개념을 의미하며 보통 1년 단위로 측정하며, 이 기간 이전의 외상 거래에 의한 이번 기간의 지불은 제외된다. 통상 1년에 생산된 생산물로만 계산한다는 것으로 과거에 생산된 재고품, 중고품 등은 포함되지 않는다. '국내에서'는 속지주의 개념으로 외국인이 국내에서 생산한 것은 포함되지만 내국인이 국외에서 생산한 것은 제외한다.

국내에서 생산된 생산물만 계산한다는 것으로 자국인과 외국인이 생산한 생산물이며 국적이 아닌 영토로 규정한다는 것이다. '생산된'의 의미는 생산되지 않고 이전거래에 의해 가치가 상승하는 주식가격이나 부동산 가격의 변화는 제외한다.

중개서비스의 경우 부가가치를 창출하기 때문에 계산에 포함된다. '최종생산물'은 생산 활동에서 생산된 중간생산물 제외의 최종생산물만을 계산한다. 최종생산물로 계산하면 경제기여도를 파악할 수 없어 실제로는 부가가치로 추계한다. 즉, 국내총생산을 부가가치의 합계라고 할 수 있다. '시장가치'는 시장에서 거래된 최종생산물만 포함한다는 것으로 시장에서 거래가 이루어지지 않으면 포함되지 않는다.

국내총생산(GDP)을 명목GDP(Nominal GDP)와 실질GDP(Real GDP)로 구분하면, 명목GDP(Nominal GDP)는 생산량을 현재의 가격으로 측정한 것이다. 당해 연도 가격으로 당해 연도 생산된 생산량을 곱하여 계산한다.

$$명목\,GDP = P_t \times Q_t (단,\ P_t : 당해년도\,가격,\ Q_t : 당해연도\,생산량)$$

실질GDP(Real GDP)는 생산량이 가격의 변화를 받지 않도록 기준년도의 가격으로 평가한 것으로 물가가 변해도 실질GDP는 변하지 않는다. 기준년도 물가의 변화를 제거하여 생산량의 증가만을 측정하고자 할 때 이용된다. 물가변화를 제거하기 위해서는 기준 연도의 가격으로 계산한다.

$$실질\,GDP = P_0 \times Q_t (단,\ P_0 : 기준년도\,가격,\ Q_t : 당해연도\,생산량)$$

〈표 9-1〉은 컴퓨터와 자동차 2개의 재화만을 생산하는 단순 경제를 나타낸 것이다. 2021년도 명목GDP는 다음과 같다.

$$명목\,GDP = P_t \times Q_t (단,\ P_t : 당해년도\,가격,\ Q_t : 당해연도\,생산량)$$

표 9-1 명목 GDP와 실질 GDP(기준년도 2020년)

연도	컴퓨터		자동차	
	판매가격	생산량	판매가격	생산량
2020년	110만 원	1,000대	1,000만 원	500대
2021년	100만 원	1,500대	1,200만 원	700대

이므로

$$\begin{aligned} 2021\text{년도 명목}\, GDP &= P_{2021} \times Q_{2021} \\ &= 100\text{만원} \times 1{,}500\text{대} + 1{,}200\text{만원} \times 700\text{대} = 990{,}000\text{만원} \end{aligned}$$

2021년 실질GDP는 다음과 같다.

$$\text{실질}\, GDP = P_0 \times Q_t \,(\text{단}, P_0 : \text{기준년도 가격}, Q_t : \text{당해연도 생산량})$$

이므로

$$2021\text{년 실질}\, GDP = P_{2020} \times Q_{2021}$$

$$= 110\text{만원} \times 1{,}500\text{대} + 1{,}000\text{만원} \times 700\text{대} = 865{,}000\text{만 원}$$

2021년도 디플레이터는 다음과 같이 나타낸다.

$$2021\text{년도}\, GDP\text{디플레이터} = \frac{\text{명목}\, GDP}{\text{실질}\, GDP} \times 100 = \frac{990{,}000}{865{,}000} \times 100 = 114.45$$

2) 국내총지출

국내에서 생산된 재화와 서비스는 누군가에 의해 사용되기 때문에 지출측면에서도 GDP를 추계할 수 있다. 지출측면에서 GDP는 민간소비, 국내투자, 정부지출, 순수출의 합으로 나타낼 수 있다. 민간소비지출은 재화와 서비스에 대한 소비지출이며, 투자는 기업과 정부의 고정자본투자(건설투자와 설비투자)와 재고투자로 구성되어 있다. 정부소비지출은 인건비 등의 정부부문 경상소비지출이다. 순수출은 수출에서 수입을 뺀 것으로 그 값이 0(제로)이면 경상수지가 균형이고 정(+)이면 경상수지 흑자, 부(-)이면 적자를 나타낸다.

3) 국내총소득

생산이 이루어지면 생산과정에 참여한 요소에 대해 소득으로 분배되기 때문에, 이를 합하여 GDP를 나타낼 수 있다. 이는 요소시장에서 추계되며 국민에게 분배된 요소소득의 내용을 보여주는 것으로 생산 활동을 통해 획득한 소득의 구매력을 나타내는 지표이다. 생산액 중에서 고정자본소모는 마모된 자본재의 가치를 원상태로 돌리기 위해서 투자되어야 하므로 요소소득으로 분배될 수 없고 순간접세도 정부가 강제로 징수한 것이므로 요소소득이 될 수 없다. 그러므로 GDP를 집계하기 위해서는 요소소득(임금, 이자, 지대, 이윤)에 고정자본소모와 순간접세를 더해 주어야 한다.

Chapter

10

물가와 인플레이션

1. 물가
2. 인플레이션

CHAPTER 10
물가와 인플레이션

1. 물가

물가는 시장에서 거래되는 개별상품의 가격을 경제생활에서 차지하는 중요도 등을 고려하여 가중 평균한 종합적인 가격수준을 말한다. 보통 기준시점을 100으로 하여 지수의 형태로 나타낸다.

물가지수의 용도는 다음과 같다.

첫째, 화폐의 구매력을 측정한다. 물가가 상승하면 동일 금액의 화폐로 구입할 수 있는 재화의 양이 감소하기 때문에 구매력이 낮아진다. 화폐의 가치는 물가지수의 약수이므로 물가지수를 이용하면 화폐의 구매력을 측정할 수 있다. 예를 들어 기준 연도보다 물가가 30% 상승하면 물가지수는 130이므로 화폐구매력은 0.77로 계산된다. 이는 기준연도에 비해 화폐구매력이 23% 하락하였음을 나타낸다.

둘째, 물가지수는 실질가치 계산으로 사용된다. 물가가 상승하면 명목임금이 상승하여도 실질임금의 상승 여부는 불투명하다. 물가지수를 이용하면 명목임금에서 물가상승 요인을 제거한 실질임금을 계산할 수 있다.

셋째, 물가지수는 경기판단지표의 자료로 활용된다. 다른 조건이 일정할 때 경기상승 시에는 물가가 상승하는 경향을 보이고 침체기에는 하락하는 경향이 있다. 따라서 물가지수 변동을 통해 경기 흐름을 가늠할 수 있다.

물가지수를 작성하는 방법은 두 가지가 있다. 라스파이레스방식(LPI)과 파셰방식(PPI)이 있다. 라스파이레스 방식은 기준연도의 거래량(Q_0)을 가중치로 사용하여 작성한다.

$$LPI = \frac{\sum P_t \times Q_0}{\sum P_0 \times Q_0} \times 100$$

P_t는 비교연도의 가격, P_0는 기준연도의 가격, Q_0는 기준연도의 거래량을 나타낸다. 이 방식은 매년 거래량을 조사할 필요가 없어 측정이 간단하며 소비자물가 지수나 생산자물가 지수에 사용된다. 반면, 비교연도에 구입하는 상품들이 변화가 심한 경우 정확하지 않을 수 있다. 그리고 물가가 상승할 때 과대평가되는 경향이 있다.

파셰방식은 비교연도의 거래량(Q_t)을 가중치로 사용하여 작성한다. P_t는 비교연도의 가격, P_0는 기준연도의 가격, Q_0는 기준연도의 거래량이라면 다음과 같이 나타낼 수 있다.

$$PPI = \frac{\sum P_t \times Q_t}{\sum P_0 \times Q_t} \times 100$$

비교연도의 가중치와 대상 품목을 매년 조사하여야 하므로 번거로움이 있으며 GDP 디플레이터 계산방식에 이용된다. 비교적 정확한 물가지수를 나타내지만, 대체로 과소평가 경향이 있다.

(1) 생산자물가 지수(Producer price index: PPI)

국내시장에서 기업 간 거래되는 재화 및 서비스의 평균적 가격변동을 측정하기 위하여 작성된다. 대상 품목이 많아 물가변동 수준을 측정하기 쉽다. 작성방식은 라스파이레스방식이며 한국은행에서 작성한다.

(2) 소비자물가 지수(Consumer price index: CPI)

가계에서 일상생활을 영위하기 위하여 구매하는 재화의 가격과 서비스 요금의 변동 등, 종합적인 가격수준을 측정하여 지수화한 것이다. 소비자물가 지수 대상 품목은 가계소비지출 중에서 차지하는 비중이 높은 품목이 대상이다. 작성은 라스파이레스방식으로 통계청에서 작성한다. 소비자물가 지수에는 주택임대료는 포함되지만, 주택의 가격은 포함되지 않는다.

(3) GDP 디플레이터

GDP를 추계하는 과정에서 산출된다. 모든 재화나 서비스의 가격이 포함되어 포괄적인 물가지수를 의미하지만, 직접 조사한 것이 아니다. GDP 디플레이터는 명목 GDP/실질 GDP× 100으로 계산되며 정확히 말하면 물가지수라고 할 수 없다. 파셰방식으로 집계되며 한국은행에서 작성한다. 수입품의 가격과 주택임대료, 신규 주택가격은 포함되지만, 기존의 주택가격은 포함되지 않는다.

(4) 수출입물가지수 및 생활물가지수

그밖에 수출·수입물가 지수와 생활물가 지수가 있다. 수출·수입물가 지수는 수출입 상품의 가격변동을 파악하기 위해 작성된 것이다. 수출의 채산성, 수입원가, 교역조건 등을 측정하는 데 이용된다. 생활물가지수는 일상생활에서 체감하는 물가를 측정하기 위해 생활필수품으로 가격변동에 민감한 품목을 대상으로 하며 장바구니 물가를 파악하는 지수로 서민 생활과 밀접한 관계가 있다.

2 인플레이션(inflation)

인플레이션은 물가가 지속적으로 상승하는 것을 말한다. 인플레이션이 발생하면 통화의 실질구매력이 감소한다. 피셔 방정식(Fisher's equation)에 의하면 이번 기의 명목이자율은 이번 기의 실질이자율에 다음 기에 예상되는 기대인플레이션을 더하여 구하게 된다. 이 식은 실질 이자율 계산식으로도 이용한다.

$$\text{명목이자율}(R_t) = \text{실질이자율}(r_t) + \text{기대인플레이션}(\pi^e_{t+1})$$

$$\text{실제 실질이자율}(r_t) = \text{실제 명목이자율}(R_t) + \text{실제 기대인플레이션}(\pi^e_{t+1})$$

만약 예상하지 못한 인플레이션이 발생하였다면, 즉 $\pi_t > \pi_t^e$ (실제 인플레이션 〉 기대인플레이션)일 경우 실제 실질이자율이 감소하기 때문에 채권자는 불리하고 채무자는 유리하게 된다. 반대의 경우($\pi_t < \pi_t^e$)는 실제 실질이자율이 증가하기 때문에 채권자는 유리하고 채무자는 불리해진다.

예상된 인플레이션의 경우($\pi_t = \pi_t^e$)에 조세제도가 변화하면 명목이자율이 예상 인플레이션만큼 상승하기에 부와 소득의 재분배가 이루어지지 않는다. 반대로 조세제도가 변화하지 않았을 경우 누진이 적용되는 급여생활자가 불리하다.

예상하지 못하였던 인플레이션은 경제의 불확실성으로 인해 장기적인 거래를 회피하고 단기적 거래에 집중하게 되어 사회적 후생 증가에 도움이 되지 못한다. 그리고 효율성 저하를 가져온다. 이는 실물자산을 선호하여 화폐경제의 효율성이 저하된다는 것을 의미한다.

또한, 물가변동에 따른 메뉴비용이 발생하고 현금거래 횟수의 증가로 거래비용이 증가한다. 인플레이션에 따른 실물자산 선호가 증가하여 저축이 감소할 수 있다. 저축의 감소는 이자율을 상승시켜 기업의 투자를 감소시키며, 물가의 상승은 수출경쟁력이 약화하여 수출이 감소하고 국제수지가 악화한다.

1) 수요견인 인플레이션

인플레이션은 발생 원인에 따라 수요견인 인플레이션, 비용인상 인플레이션, 혼합형 인플레이션으로 구분된다. 수요견인 인플레이션은 통화량 증가나 정부지출 증가와 같은 총수요 측면의 요인으로 인하여 발생한다. 총수요 곡선이 우측으로 이동하여 국민소득 증가와 물가가 상승한다. 수요견인 인플레이션은 수요충격 때문에 발생하는 것으로 정부와 민간의 과소비와 과잉투자, 정부의 유효수요확대가 요인으로 지적되고 있다. 이는 완전고용 국민소득 이상의 수요가 원인이 되는 인플레이션이다.

2) 비용인상 인플레이션

공급측면에 의해 생산비가 상승하면 총공급 곡선이 상방으로 이동하여 인플레이션이 발생하는 것이다, 비용인상 인플레이션의 원인은 임금인상에 따라 생산요소비용 증가, 기업이 이윤(관리가격) 인상, 석유파동이나 원재료 가격의 상승 등이 지목되고 있다.

다시 말해 비용인상 인플레이션은 총공급이 감소하여 물가가 상승하는 것으로, 임금, 유가 등 생산요소의 가격상승과 과점기업의 가격지배력을 이용한 제품가격의 상승으로 발생한다는 것이다. 이 경우 국민소득과 고용이 감소하고 실업이 증가하는 경기침체가 발생한다. 경기침체(stagnation)와 물가상승(inflation)을 동시에 발생시킨다는 점에서 스태그플레이션(stagflation)이라고 한다.

3) 혼합형 인플레이션

수요측면과 공급측면이 동시에 작용하여 만들어지는 인플레이션이다. 노동자들이 임금인상 요구하면 총공급곡선이 좌측으로 이동하여 물가가 상승한다. 그리고 실업률도 상승한다. 정부는 실업률을 낮추기 위해 확대 정책을 사용하여 총수요곡선을 우측으로 이동하여 추가적 물가 상승이 발생한다. 이와 같이 수요측면과 공급측면이 함께 작용하는 경우에는 악순환이 발생할 가능성이 있고, 물가도 상승이 계속된다.

Chapter

11

실 업

1. 실업의 개념
2. 실업의 형태

CHAPTER 11 실 업

1. 실업의 개념

실업은 현재 임금수준에서 일할 능력과 의사가 있음에도 불구하고 일자리를 얻지 못한 상태를 말한다. 노동시장이 초과공급 상태에 있다는 것으로 일할 능력이 있지만, 일자리를 갖지 않거나(자발적 실업), 갖지 못한 상태(비자발적 실업)를 말한다. 실업자의 개념은 조사기간 중 1주일 동안 적극적으로 일자리를 구해 보았으나 주당 1시간 이상의 일을 하지 못한 사람으로 즉시 취업이 가능한 사람을 의미한다. 개인은 경제적 능력상실을 초래하고 사회적으로는 인적자원을 제대로 활용되지 못함에 따른 사회적 비용이 발생한다.

실업률 측정에는 경제활동 인구와 비경제활동 인구의 개념을 이해하는 것이 중요하다. 경제활동 인구는 ① 15세 이상 일할 의사와 능력이 있는 사람, ② 구직활동을 하는 실업자를 말한다. 일할 의사가 없는 사람은 경제활동 인구에서 제외되며, 일할 의사가 없는 인구로 구분되는 것은 구직활동 포기자, 학생, 주부, 군인 등이다. 이들을 비경제활동 인구라고 한다.

- 경제활동 인구 = 취업자 + 실업자
- 경제활동 참가율 = 경제활동 인구/ 15세 이상 인구

$$= \frac{\text{경제활동인구}}{\text{경제활동인구} + \text{비경제활동인구}} \times 100$$

취업자는 조사기간 소득을 목적으로 주 1시간 이상 근로한 사람 또는 가족단위의 농장, 사업체에서 주 18시간 이상 근로하여 가구소득에 기여한 가구원을 말한다.

- 실업률 $= \frac{\text{경제활동인구} - \text{취업자}}{\text{경제활동인구}} \times 100$

$$= \frac{\text{실업자수}}{\text{취업자수} + \text{실업자수}} \times 100$$

실업률은 실업자 수를 경제활동인구로 나누어 측정한다. 임시근로자, 시간근로자 등 생계소득에 미치지 못하는 소득을 얻고 있는 위장 실업자도 취업자로 분류된다. 그리고 취업이 불가능하여 구직활동을 포기한 실망노동자는 경제활동인구에서 제외된다. 따라서 통계상 실업률은 실제에 비하여 과소 측정된다. 실망노동자는 직장을 구하기 위해 노력하였으나 일자리를 구하지 못하고 구직활동을 포기한 노동자를 말한다. 이는 비경제활동 인구에 속하기 때문에 실업률 통계에 포함되지 않는다. 실업자가 실망노동자로 전환되면, 이들은 비경제활동인구에 포함되므로 공식적인

실업률은 하락한다.

비자발적 시간제 근로자는 실업률 통계를 작성할 때 1주일에 수입을 목적으로 1시간 이상만 일하더라도 취업자로 분류된다. 그래서 어떤 상근 근로자가 해고되어 사실상 생계를 위해 어쩔 수 없이 1주일에 3~4시간씩 시간제 근로자로 근무하고 있는 경우에는 취업자로 분류된다. 여기서 상근 근로자가 비자발적 시간제 근로자로 전환되더라도 실업률은 불변한다.

2. 실업의 형태

1) 자발적 실업

자발적 실업은 일할 능력을 갖고 있으나 현재의 임금수준에서 일한 의사가 없는 실업상태를 말한다. 즉, 근로조건 등의 이유로 스스로 일을 하지 않음으로써 발생하는 실업이다. 마찰적 실업과 탐색적 실업이 있다. 마찰적 실업은 직업전환을 위한 일시적 실업상태를 말하며, 근로자들의 다양한 선호와 능력의 차이, 불완전한 정보, 지리적인 이동 등의 요인에 의해 발생한다.

노동자들이 가진 능력이 다르기 때문에 일자리에서 요구하는 노동의 특성이 달라 어느 정도 마찰적 실업은 불가피한 측면이 있다. 대체로 단기간에 끝나기 때문에 실업에 따른 고통은 크지 않는 것이 일반적이다. 일자리 정보 제공의 정보망을 확충하면 어느 정도 줄일 수 있지만, 경제환경이 변하는 상태에서 마찰적 실업은 완전히 제거하기가 어렵다.

유사형태로 탐색적 실업이 있다. 이는 보다 나은 직장을 모색 중인 일시적 실업상태를 말한다. 실업을 경제주체들의 합리적 선택의 관점에서 바라보는 경우도 있고, 일자리를 찾기 위한 노동자들의 행동과 연관시키는 직업탐색으로도 바라본다.

2) 비자발적 실업

일할 능력이 있고, 현재의 임금수준에서 일할 의사를 갖고 있지만, 일자리를 구하지 못하는 실업을 말한다. 비자발적 실업에는 경기적 실업, 계절적 실업, 구조적 실업, 기술적 실업 등이 있다. 경기적 실업은 유효수요부족이 원인으로 경기침체에 의해 발생한다.

구조적 실업은 일부산업의 사양화로 인해 발생한다. 경제구조 변화로 인해 노동에 대한 수요구조가 변화함에 따라 발생한다. 이는 기술발전 등으로 산업구조가 변하는 과정에서 일부 산업은 위축되기 마련이라는 점에서 구조적 실업은 불가피한 측면이 있다.

기술적 실업은 기술혁신에 따라 노동이 기계로 대체되는 경우에 발생하는 실업이다. 이 실업은 구조적 실업의 일부로 볼 수도 있다.

실업은 개인적 측면에서 소득감소로 인한 생계유지 곤란, 자아실현의 기회상실, 사회적 관계 단절 등의 영향을 미치며, 사회적으로 인력낭비, 생산력 저하, 소득분배 상황의 악화, 사회적 불안과 빈곤문제 등을 야기할 수 있다.

3) 자연실업률

경기변동과 관계없이 정상적인 상태에서 발생하는 마찰적 실업과 구조적 실업만이 존재할 때를 완전고용이라고 한다. 이는 완전고용상태에서도 실업자가 존재한다는 것을 말한다. 노동시장의 균형을 이루고 있어도 마찰적 실업과 구조적 실업만이 존재할 때의 실업률을 자연실업률이라고 한다.

3. 필립스곡선

필립스곡선(Phillip's curve)은 1958년 영국 경제학자인 필립스(A. W. Phillips)가 영국경제에 대한 실증분석을 통하여 명목임금과 실업률 긴의 역(-)의 관계를 증명한 것이다. 실업률이 낮은 연도에는 임금상승률이 높고, 실업률이 높은 연도에는 임금상승률이 낮다는 사실에서 도출한 것이다.

명목 임금상승률과 물가상승률의 사이에는 정(+)의 관계가 있다. 명목 임금상승률이 높을 때 물가상승률도 높다는 것이다. 따라서 명목 임금상승률과 실업률과의 관계를 나타내는 필립스곡선은 물가상승률과 실업률의 역(-)의 관계로 전환하여 나타낸 것이다. 결과, 실업률 감소는 물가를 상승시키고, 물가상승의 억제는 실업률을 상승시킨다는 것이다.

양방향으로 동시에 달성할 수 없는 상충관계에 있다는 것이다. 경제침체로 실업률이 높아진다, 그것은 노동시장에 노동의 초과공급이 존재하기 때문이다. 반면, 경제가 회복되기 시작하면 고용이 증대된다. 경기회복 초기에는 임금인상의 압력이 존재하지 않지만, 경제가 빠르게 성장하면 고용이 증대되고 임금도 상승하게 된다. 임금이 상승하면 기업의 생산비용이 증가하여 물가(가격) 인상으로 전가된다.

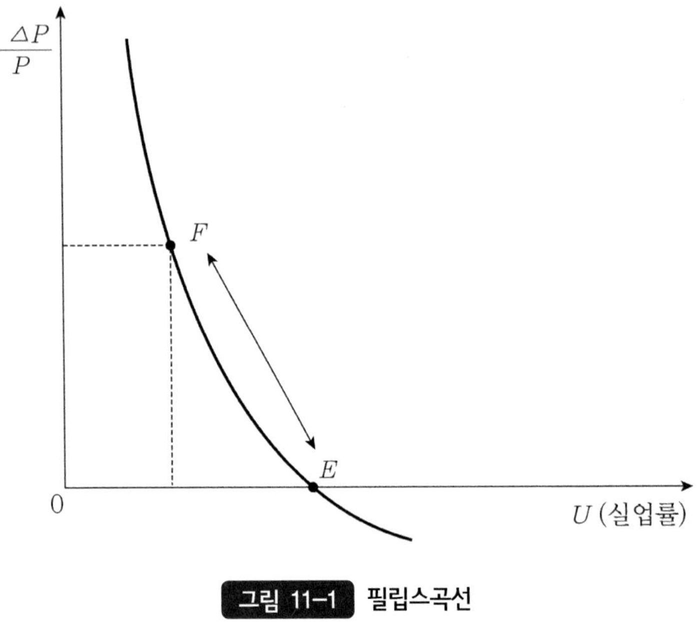

그림 11-1 필립스곡선

곡선 E점에서 F점으로의 변화는 실업률 감소를 의미하지만, 물가가 상승하고 F점에서 E점으로의 변화는 물가가 하락해도 실업률이 높아진다는 것을 보여주고 있다.

현재에는 필립스 곡선은 명목 임금상승률을 인플레이션률로 수정하여 사용하고 있으며, 인플레이션율과 실업률 사이 역의 관계가 성립하는 것으로 이용된다. 그래서 필립스곡선은 우하향한다. 이는 물가안정과 완전고용이 동시에 달성하는 것이 불가능하다는 것을 의미한다.

[그림 11-1]에서 실업률이 높을 때 기울기가 완만하지만, 실업률이 낮을 때 기울기가 급하다. 이는 실업률이 낮을 때 실업률이 높을 때 보다 실업률을 줄이기 위해 감수해야 할 물가상승률의 증가가 크다는 것을 의미한다.

Chapter

12

경기변동이론

1. 경기변동이란
2. 경기순환

CHAPTER 12 경기변동이론

1. 경기변동이란

경기변동은 주기적으로 상승과 하강을 반복한다. 그 과정에서 경기회복, 호황, 경기후퇴, 불황의 과정을 거치며, 이때 경기회복과 호황을 확장 국면, 경기후퇴와 불황을 수축국면이라고 한다.

[그림 12-1]에서 알 수 있듯이 경기가 상승국면에서 하강국면으로 바뀌는 상위전환점을 정점(peak), 하강국면에서 상승국면으로 바뀌는 하위 전환점을 저점(trough)이라고 한다.

한편, 정점에서 정점 혹은 저점에서 저점까지의 기간을 주기(cycle), 지점에서 정점까지의 높이를 진폭(amplitude)이라고 한다. 경기변동이 어느 정도 크게 일어나고 있는지는 주기와 진폭에 의해 결정된다. 경기가 '정점을 통과했다'라는 표현은 정점을 지나 수축국면에 진입했다는 것을 의미하고, 경기가 '지점을 통과했다'라는 표현은 저점을 지나 확장국면에 진입하였다는 것을 의미이다.

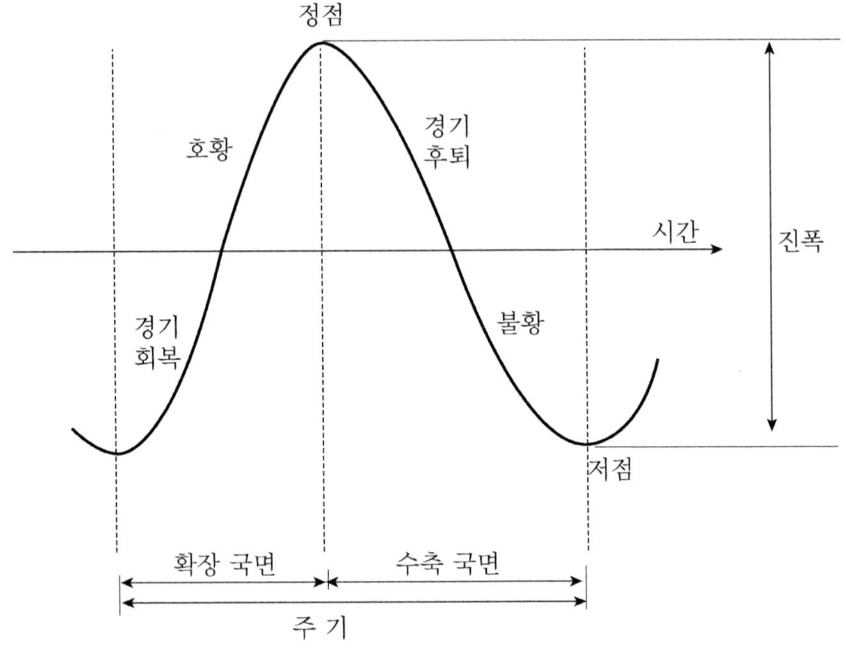

그림 12-1 **경기변동의 4국면**

경기변동은 반복적이고 비주기적이다. 호황과 불황이 번갈아가면서 나타나지만, 주기와 진폭이 동일한 형태로 되풀이되지 않는다는 것이다. 그리고 경기변동은 지속적이며 비대칭적이다. 경기확장과 수축이 상당기간 계속되며 일반적으로 확장국면이 수축국면보다 더 길다.

그래서 경기의 움직임은 기업과 개인의 경제활동에 영향을 미치기 때문에 경제주체의 주요 관심사라고 할 수 있다. 그것은 경제상황을 정확히 판단해야 하는 기업의 입장에서 생산과 투자계획 수립에 중요하고, 개인들의 입장에서 소비와 저축에 관한 의사결정을 합리적으로 할 수 있다.

또한 정부도 경기의 움직임을 정확히 판단해야 안정적으로 경제정책을 수립하고 수행할 수 있다. 경기변동은 특정경제에 국한되는 것이 아니라 경제전반에 걸쳐 나타난다.

경기변동은 총체적인 현상으로 공행성을 갖는다. 이는 앞에서 언급하였듯이 특정경제변수만 변동하는 것이 아니라 거의 모든 부문 및 변수에서 동시적으로 발생한다는 것이다. 그리고 보편성과 반복성을 갖는다. 보편성은 특정국가 또는 특정시기에만 나타나는 현상이 아니라 자본주의 경제체제를 채택한 모든 국가에서 공통적으로 나타나는 현상이다. 반복성은 일정 간격으로 나타나는 현상은 아니지만, 반복적으로 일어나며 수축국면과 확장국면이 반복되는 패턴을 가지고 있다.

2. 경기순환

경기변동은 매우 다양한 요인에 의해 발생할 수 있으며, 그 주기도 다양한 것으로 알려져 있다. 지금까지 알려진 경기변동 중에서 대표적인 것들을 정리하면 다음과 같다.

경기변동을 단기와 장기로 구분할 수 있다. 단기파동은 원자재 가격, 재고변동, 이자율 등에 의해 발생하고 중기파동은 주택건설 등 내구재 수요의 변화, 일시적 인구변동 등이 영향을 미친다. 그리고 장기 파동은 기술 혁신 등의 영향으로 발생한다.

슘페터(J. Schumpeter)는 경기변동을 키친파동(Kitchin cycle), 쥬글러파동(Juglar cycle), 콘트라티에프파동(Kondratieff wave)으로 분류

하고 있다. 키친파동은 단기 변동에 해당하며 약 40개월이 주기이다.

이 파동은 기업의 단기적인 생산계획과 소비자의 구매계획 관계에서 발생한다. 기업의 재고투자 변동이 주된 원인으로 알려져 있다. 키친파동은 미국의 경제학자 Joseph Kitchin에 의해 1923년 알려졌으며, 슘페터의 경기순환론에 의해 키친파동으로 명명되었다.

일반적으로 기업은 재고투자에 있어 자사가 적정하다고 생각하는 재고수준 이하가 되면 재고를 늘리고 많으면 재고를 줄이게 된다. 이러한 재고투자의 증감은 관련 기업 등을 끌어들이는 형태로 이루어지기 때문에 경제 전체의 확대·수축으로 이어진다는 것이다.

쥬글러(Joseph Clement Juglar) 파동은 중기파동이다. 설비투자의 변동, 기술 혁신 등이 원인으로, 약 10~12년 주기로 순환하며 설비투자의 변동에 따라 발생한다.

기업이 생산설비를 증설하거나 시스템 변화의 시기가 되면 관련 기업의 매출이 일정 기간 증가한다. 결과적으로 노동자의 임금이 상승하게 된다. 물론 기업의 설비투자가 감소하면 결과적으로 근로자의 임금 수준이 하락하게 된다. 이같이 경기변동이 설비투자에 기인하기에 설비투자 순환으로도 불린다.

쿠즈네츠(Kuznets)는 러시아 태생으로 미국의 경제학자이다. 쿠즈네츠파동은 주택이나 공장 등 건축 수요가 요인이 되어 발생한다. 키친파동, 쥬글러파동과 비교하면 중장기파동에 해당한다. 일반적으로 약 20년 기간으로 각종 건축물의 재건축이 발생하기 때문이다.

경기변동이 약 50년 주기로 발생한다고 러시아의 경제학자 콘드라티예프에 제창하였다, 이를 장기파동, 대순환이라고도 한다. 경기는 획기적인 기술 혁신을 계기로 확대하였고, 그리고 축소 국면으로 크게 순환한다는 것이다.

산업혁명부터 현재까지 4개에서 5개의 커다란 변동이 있었다. 첫째는 증기기관, 방적, 둘째는 철강, 철도, 셋째는 화학, 전기, 자동차, 넷째는 원자력, 항공 우주, 다섯째는 컴퓨터를 기반으로 한 디지털 기술, 바이오테크놀로지로, 현재도 진행형이라는 견해와 현재도 넷째가 계속 되고 있다는 견해가 있다. 인공지능, 로봇이 견인하는 다섯째 변동이 온다는 의견도 있다.

경기순환을 분석하는 이론의 핵심은 경기변동을 발생시키는 원인이 무엇이며, 무엇이 이러한 경기상태를 계속해서 유지하게 하고 있으며 호황에서 경기후퇴로, 불황에서 경기회복으로 반전시키는가에 관한 것이다.

경기변동을 발생하게 하는 수요측면의 충격은 투자지출의 충격이다. 대표적으로 케인즈(J. M.Keyness)는 민간 기업이 장래에 대한 기대변화 등으로 투자지출을 변화시키면 경기변동이 유발될 수 있다고 보았다.

프리드만(M. Friedman)을 중심으로 하는 통화주의자들은 통화 당국의 재량적인 통화량 조정 때문에 경기변동이 발생한다고 주장하였다. 슘페터는 경기순환과 경제발전 원인이 생산요소의 새로운 결합 또는 기술혁신에 있다고 강조하였다. 불완전한 정보 상황에서 경제주체들의 기대가 작용한다는 것이다.

루카스(R. Lucas)는 경제주체들이 합리적 기대를 한다하여도 불안전한 정보로 인해 물가수준을 정확하게 예측할 수 없어 물가수준 변화에 대한 판단오류로 경기변동이 발생한다는 것이다. 여기에 국제전파도 영향을 미친다. 세계 각국의 경기순환이 상관관계를 가져 외국 경기변동이 자국 경기변동으로 파급된다는 것이다.

경기순환의 지속성과 변동성의 요인으로 유발투자와 가격 및 임금의 경직성 그리고 기간이 작용한다. 유발투자는 생산과 소득이 유발투자에 따라 상승하는 효과로 이어져 지속성을 가지며, 그러다가 소득의 증가속도가 더뎌지면 유발투자도 감소하여 총수요가 감소하면서 경기변동이 발생한다는 것이다.

가격이나 임금의 경직성은 임금이나 가격이 중첩적으로 결정되면 초기의 충격이 상당 기간 지속이 된다. 기간에 대해 기계나 건물 등의 자본재에 대한 투자는 그 투자가 완결될 때까지 상당 기간이 소요되고 몇 년 뒤 수익이 상당히 높을 것으로 예상한다면 기업은 계속하여 투자를 진행하여 상당 기간의 지속성을 갖는다.

경기변동 과정에서 경제활동의 변동을 가장 명확히 보여주는 변수는 경제 전체의 생산량을 나타내는 실질GDP이다. 그래서 실질GDP가 경기변동의 기준지표가 된다.

경제변수가 경기변동의 기준지표인 실질GDP와 같은 방향으로 변하는 경우를 경기 순응적(procyclical), 실질 GDP와 반대 방향으로 변하는 것을, 경기 역행적(countercyclical)이라고 한다. 한편, 실질 GDP보다 먼저 변하는 변수를 경기선행적(leading), 실질GDP와 동시에 변하는 변수를 경기 동행적(concurent), 실질GDP 변화가 있고 이후에 변하는 것을 경기 후행적(lagging)이라고 한다. 이는 경기 변화를 예측하는 데 유용하게 사용될 수 있다.

지금까지의 실증분석에 의해 확인된 경기변동에 따른 각종 경제변수의 움직임은, 민간소비와 투자가 경기 순응적이며, 경기에 선행한다. 그리고 고용과 실질임금이 경기 순응적이며, 경기와 동행한다.

노동의 평균 생산성과 통화량은 대체로 경기 순응적이며, 경기에 선행한다. 명목이자율과 인플레이션은 경기 순응적이고, 수출과 수입도 경기 순응적이다.

그리고 물가수준은 대체로 경기 역행적이다. 이는 경기가 호황국면에 들어서면 물가가 상승하다가 정점을 지나고 나서 최고 수준에 도달한 후에 서서히 낮아지기 때문이다.

Chapter

13

국제금융의 이해

1. 국제수지
2. 환율의 결정
3. 환율제도

CHAPTER 13 국제금융의 이해

1. 국제수지

국제수지(Balance of Payments: BOP)는 ① 일정 기간 동안, ② 거주자와 비거주자 간에 이루어진, ③ 모든 경제적 거래를, ④ 체계적으로 분류·정리하여 기록한 표를 말한다. 여기서 일정 기간은 어느 한 시점에서의 스톡(stock)이 아닌 일정기간 중에 발생한 거래를 집계한 유량(flow) 개념이다.

거주자와 비거주자 간의 거래는 경제활동에 있어 주된 경제적 이익의 중심을 기준으로 구분한 것이고, 모든 경제적 거래는 거주자와 비거주자 간에 일어나는 모든 교환거래, 대외 원조 등 대가 없이 이루어지는 이전거래 포함하며, 체계적으로 분류·정리는 복식부기 원칙으로 국제수지 매뉴얼에 의해 기록한다는 것이다.

국제수지 작성 원칙에는 ① 복식부기 원칙, ② 실제 시장가격 평가, ③ 발생주의 원칙, ④ 미 달러화로 환산, ⑤ 거래변동만 반영한다는 것이다.

구체적으로 복식부기 원칙은 거주자와 비거주자 간의 모든 대외거래를 차변과 대변에 각각 동일한 금액으로 계상하고, 거래의 평가는 거래 당사자 간에 합의된 실제 시장가격으로 평가한다.

거래계상 시점은 경제적 가치가 생성, 변화, 교환, 이전 또는 소멸될 때를 거래의 계상 시점으로 한다. 이것이 발생주의 원칙이다. 그리고 계산단위 및 환산은 다양한 통화로 표시된 대외거래를 하나의 기준통화로 환산하고, 한국은 미국 달러화를 기준으로 작성한다. 거래에 의한 변동만 반영하고, 경상수지 및 자본수지는 총액, 금융계정(자산, 부채 구분)은 순액으로 기록한다.

국가 간의 거래가 활발히 이루어지고 무역을 통해 소비자 이익이 창출된다. 국제수지는 국가 간의 거래를 나타낸 것으로, 일정 기간 한 나라의 거주자와 외국의 거주자 사이에 이루어진 모든 경제적 거래를 체계적으로 집계한 것이다. 국제대차의 정의에서는 일정 시점에 한 나라가 다른 나라에 대해 가지고 있는 대외의 채권과 채무의 잔고를 의미한다.

국제수지표는 경상수지와 자본 및 금융계정을 합한 값이 0이 되도록 작성한다. 경상수지와 자본수지 및 금융계정 합이 0이 되지 않는 경우 그 과부족을 오차 및 누락금액으로 표시한다. 경상수지는 국가 간 상품 및 서비스의 수출입, 자본, 노동 등 생산요소의 이동에 따른 대가의 수입과 지급을 종합적으로 나타낸 것이다. 경상수지에는 상품수지, 서비스수지, 본원소득수지, 경상이전수지 등으로 나타낸다.

1) 경상수지

경상수지는 재화, 서비스, 생산요소 등의 거래에 따른 외화의 수취와 지급이 계상된다. 이는 상품수지, 서비스수지, 본원 소득수지, 이전소득 수지를 합한 것이다. 상품수지는 거주자와 비거주자 간의 상품 수출입 거래를 계상하며, 경상수지에서 가장 큰 비중을 차지한다.

서비스수지는 거주자와 비거주자 간의 서비스 거래 결과 발생한 수입과 지급을 계상한다. 본원소득 수지는 대외금융자산 및 부채와 관련된 배당, 이자 등의 투자소득과 근로소득인 급여 및 임금을 계상한다. 이전소득 수지는 거주자와 비거주자 사이에 대가 없이 이루어진 무상원조, 증여성 송금 등 이전거래 내역을 계상한다.

(1) 상품수지

거주자와 비거주자 간의 수출입상품 거래를 계상한 것이다. 상품수지는 수출과 수입의 차이를 나타내며 무역수지와 개념이 동일하다. 수출이 수입보다 많으면 흑자, 수출보다 수입이 많으면 적자로 표시한다.

(2) 서비스수지

외국과의 서비스 거래의 차이로 계상된다. 한국의 선박이나 항공기를 외국이 이용하여 외국으로부터 받은 운임, 외국 관광객이 쓰고 간 외화 등이 서비스 수입이 된다. 반대로 한국이 외국 선박과 항공기를 이용하여 지급한 경비, 여행경비, 기술용역 대가 등은 모두 서비스 비용지급이 된다. 비용지급이 많을수록 서비스 수지의 적자가 된다.

(3) 본원소득수지

외국인 노동자에게 지급하거나 내국인이 해외에서 수취하는 급료 및 임금과 대외금융자산으로부터 발생하는 배당, 이자 수입과 대외금융 부채에 대하여 지급하게 되는 배당, 이자 지급 등 투자소득의 수지 차이이다.

(4) 이전소득수지

거주자와 비거주자 사이에 대가 없이 무상으로 주고받는 거래의 수지차를 말한다. 국가 간 무상원조, 국제기구 출연금, 해외교포의 국내 송금 등이 포함된다.

2) 자본수지

자본수지에는 자본 이전과 비생산·비금융자산으로 구분된다. 자본 이전은 자산 소유권의 무상이전, 채권자에 의한 채무면제 등을 기록한다. 그리고 비생산·비금융자산은 브랜드네임, 상표 등 마케팅자산과 기타 양도 가능한 무형자산의 취득과 처분을 기록한다.

3) 금융계정

금융 계정에는 정부, 중앙은행, 금융기관, 민간기업 등 거주자의 대외금융자산 및 부채의 거래변동을 기록한다. 직접투자, 증권투자, 파생금융상품, 기타투자 및 준비자산로 구성되어 있다.

(1) 직접투자(Direct Investment)

직접투자 관계에 있는 투자자와 투자기업 사이의 주식, 수익재투자,

채무상품(대출, 차입, 무역신용 등) 거래이다. 단, 수익재투자는 기업의 배당되지 않은 순영업잉여 중 직접투자자의 몫을 의미하고, 직접투자관계는 투자자가 투자기업에 상당한 영향력을 행사하는 것을 말한다. 여기에는 ① 투자기업에 대해 10% 이상의 의결권을 보유하는 일차적 직접투자관계, ② 연쇄출자 등을 통한 간접적 직접투자, ③ 동료기업 간 직접투자가 있다.

(2) 증권투자(Portfolio Investment)

증권투자에는 거주자와 비거주자 간에 일어나는 주식 및 부채성 증권(채권) 거래를 계상한다. 단, 직접투자 또는 준비자산에 해당되는 거래는 제외된다. 거주자의 해외증권투자는 거주자가 비거주자로부터 주식, 채권을 매입/매도하여 증권투자(자산)의 증가/감소를 나타낸다. 비거주자의 국내증권투자는 비거주자가 거주자로부터 주식, 채권을 매입/매도하여 증권투자(부채)의 증가/감소로 나타낸다.

(3) 파생금융상품(Financial Derivatives)

파생금융상품 거래로 실현된 손익 및 옵션 프리미엄의 지급과 수취를 기록한다. 여기서 자산은 파생금융상품거래 실현이익, 옵션 매입에 따른 프리미엄 지급을 말하며, 부채는 파생금융상품거래 실현 손실, 옵션 매도에 따른 프리미엄 수취를 말한다.

(4) 기타투자(Other Investment)

직접투자, 증권투자, 파생금융상품 및 준비자산에 포함되지 않는 모든 대외 금융거래를 계상한다. 대출/차입, 무역신용, 현금 및 예금, 기타자산/기타부채, 기타 지분, 특별인출권 등으로 분류한다.

(5) 준비자산(Reserve Assets)

준비자산(외환보유액)은 통화당국이 외환시장 안정 등을 위해 언제든 사용 가능하며 통제가 가능한 외화표시 대외자산을 의미한다. 국제수지 통계의 준비자산은 외환보유액의 증감금액 중 거래적인 요인에 의한 변동분만 기록한다.

(6) 오차 및 누락

국제수지 통계는 모든 대외거래를 차변과 대변에 같은 금액으로 기록(복식부기 원리)하므로 이론상으로는 불일치가 발생하지 않는다. 그러나 국제수지 통계를 작성할 때 통관통계, 외환수급 통계 등 기초통계들 간의 계상 시점 및 평가방법 상의 차이, 보고 오류 등으로 인해 통계적 불일치가 존재한다. 불일치 조정을 위해 '오차 및 누락' 항목 설정하고 있다.

국제수지는 경상수지와 자본수지의 합이고 경상수지를 구성하는 경상이전수지는 그 비중이 상대적으로 작으므로 국제수지는 재화와 서비스의 수출입 차와 자본수지의 합으로 표현할 수 있다.

$$\text{국제수지}(BP) = \text{경상수지}(X-M) + \text{자본수지}(F)$$

$$(X: \text{재화 및 서비스 수출}, M: \text{재화 및 서비스의 수입})$$

$$B=0: \text{국제수지 균형}$$
$$B>0: \text{국제수지 흑자}$$
$$B<0: \text{국제수지 적자}$$

2. 환율의 결정

환율이란 두 나라 화폐의 교환비율을 의미한다. 표시방법에는 자국통화표시방법과 해외통화표시방법이 있다. 자국통화표시방법은 외국 통화 1단위를 수취하기 위해 지불해야할 자국통화의 크기로 표시한다. 해외통화표시방법은 자국통화 1단위를 지불할 경우 수취할 수 있는 외국통화의 크기로 표시한다. 그리고 환율에는 명목환율과 실질환율로 구분한다. 명목환율은 우리가 사용하는 일반적인 환율이다. 실질환율은 한 나라의 상품이 다른 나라의 상품과 교환되는 비율을 의미한다.

환율효과에 대해 살펴보기로 하자. 우리나라의 환율이 $1=₩1,000에서 $1=₩1,200으로 평가절하(환율인상)된 효과를 상정하면 다음과 같다. 환율인상 전($1=₩1,000)일 때 국내가격이 1,200원인 재화를 $1.2에 판매, 환율인상 후($1=₩1,200) 국내가격이 1,200원인 재화를 $1에 수출한다.

원화로 표시한 국내가격이 불변일 때 $로 표시한 수출가격이 하락하여 우리나라의 수출량이 증가한다. 수출가격은 하락하고 수출량이 증가하였을 때 수출총액은 수입수요의 가격탄력성에 의해 달라진다. 다시 말해 외국의 수입수요가 탄력적이면 수출가격 하락률보다 수출량 증가율이 크기 때문에 수출총액은 증가한다.

일반적으로 환율이 인상되면 수출가격 하락 효과는 바로 나타나는데 비교하여 수출량 증가 효과는 시간을 두고 나타나기에 경상수지는 초기에 약화 되었다가 일정 시간이 지난 후에 개선된다. 수입은 환율인상 전($1=₩1,000)일 때 해외가격이 $1인 재화를 1,000원 수입하고, 환율인상

후($1=₩1,200)일 때 해외가격이 $1인 재화를 1,200원에 수입한다. 따라서 $로 표시한 해외가격이 불변일 원화로 표시한 수입가격이 상승하여 수입량이 감소하고 경상수지가 개선된다.

1) 수요와 공급에 의한 환율 결정

(1) 외화의 수요곡선

외화의 수요는 수입품의 수입대금결제, 해외투자 등의 목적으로 외환을 사고자 하는 경우이다. 환율이 상승하면 수입이 감소하여 외화의 수요량이 감소한다. 생산물시장과 마찬가지로 외화의 가격(환율)과 외화의 수요량 간에는 역(-)의 관계가 성립한다. 환율이 오르면 외화의 수요량은 감소, 환율이 내리면 외화의 수요량이 증가하는 우하향의 곡선으로 나타낸다. 수요곡선은 해외 물가하락, 국내 물가상승, 국민소득 상승 등의 요인은 수입을 증가시켜 외화의 수요를 증가시키므로 수요곡선이 우측으로 이동한다.

(2) 외화의 공급곡선

환율이 상승하면 수출이 증가하여 외화의 공급량이 증가하므로 외화의 가격(환율)과 외화의 공급량 간에는 정(+)의 관계가 성립한다. 환율이 오르면 외화의 공급량 증가하고 환율이 내리면 외화의 공급량이 감소한다. 따라서 우상향의 공급곡선을 갖는다. 공급곡선은 해외물가상승, 국내물가 하락, 해외경기 호황 등의 요인이 수출을 증가시켜 외화공급을 증가시키므로 공급곡선을 우측으로 이동시킨다.

(3) 균형 환율

균형 환율은 수요와 공급이 일치하는 환율이다. 외화 공급량이 외화 수요량을 초과하게 되면 외화의 초과공급으로 외화의 가치하락으로 환율이 하락한다. 외화 공급량이 외화 수요량에 미치지 못하여 부족하면 외화의 초과수요로 외화의 가치가 상승하는 환율상승 효과가 나타난다.

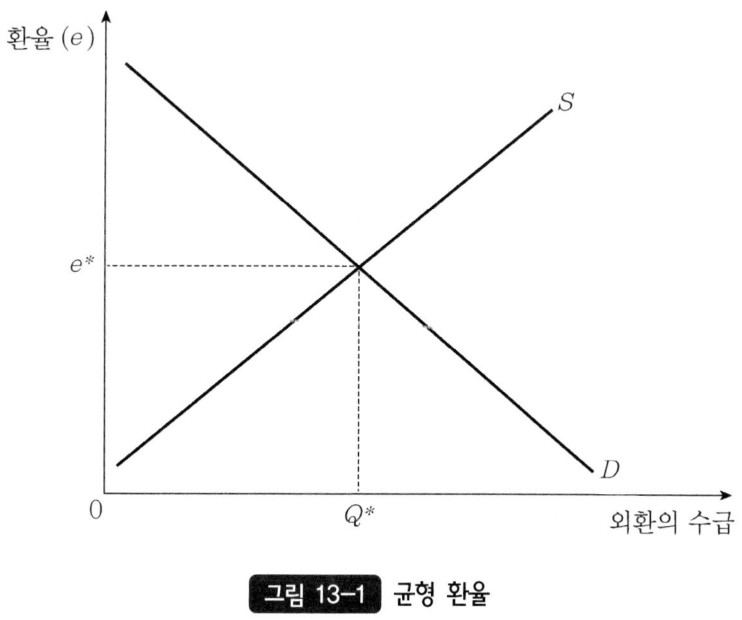

그림 13-1 균형 환율

2) 구매력 평가설

구매력 평가설은 스웨덴의 카셀(G. Cassel)에 의해 제시된 이론이다. 이론의 중심은 양국의 구매력인 통화 가치가 같도록 환율이 결정되어야 한다는 것이다. 즉, 환율은 양국 통화의 구매력에 의해 변동해야 한다는 것으로, 이론적으로 양국의 물가상승률에 차이가 발생한다면 구매력에 차이가 발생하여 환율이 변동하게 된다는 것이다. 일물일가 법칙을 조건으로 가정하고 있다.

예를 들어 한국과 미국이 완전동일 종류의 사과를 생산하며 교역이 거래비용 없이 자유롭게 이루어지고 있다고 가정하자. 사과의 가격이 미국에서는 2달러이고 한국에서는 2,000원이다. 따라서 2달러와 2,000원은 구매력이 같기에 환율은 1달러 1,000원이 된다는 것이다.

만일 한국에서 물가가 10% 인상되어 사과의 값이 2,200원이 되면 미국의 2달러와 한국의 2,200원이 같은 구매력이기에 환율은 1달러 1,100원이 되어야 한다.

구매력 평가설은 물가를 통해 환율을 결정하는 것으로 비교적 쉽게 도출되지만, 전제조건인 일물일가 법칙의 성립이 어렵고 상품 또한 완전 동질적인 것이 거의 없다는 점 등이 단점으로 작용하고 있다. 외환의 수요와 공급을 경시한 구매력 평가설은 단기적인 측면에서는 적용하기 어려운 부분이 있어 장기적 환율변화를 비교적 잘 나타내고 있다는 평가를 받고 있다.

3) 이자율 평가설

구매력 평가설이 무역수지를 중요시하는 관점에서 균형 환율을 설명하였다면 이자율 평가설은 자본수지에 초점을 맞춘 것이다. 국가 간 자본이동에 아무런 제약이 없다면 국내에 투자하건 외국통화로 바꿔 투자하건 투자수익이 같아야 한다는 것이다. 이는 환율이 두 국가 간 명목 이자율 차이에 의해 결정된다고 보고 있다. 이자율 평가설의 가정은 자본이동이 완전히 자유롭고 거래비용도 존재하지 않는다는 것과 위험도가 같은 금융상품을 다루고 있다.

예를 들어 국내 명목 이자율이 r일 때 1원을 국내에 투자하면 1년 뒤 수입은 $(1+r)$이 된다. 미국에 투자할 경우 달러로 바꿔야 하기 때문에 현재 환율 e_t로 바꾸면 $1/e_t$ 달러가 된다. 미국의 명목 이자율이 r_f일 때 $1/e_t$달러를 투자하면 1년 뒤 수입은 $1\times(1+r)/e_t$가 된다. 이를 다시 한국의 원화로 바꾸기 위해 1년 뒤 환율의 영향을 받는다. 1년 뒤 환율이 e_{t+1}일 때 $(e_t+1)\times(1+r_f)/e_t$의 수입을 얻는다. 국내에 투자하건 미국에 투자하건 수입이 같아야 하기에 $(1+r)=(e_t+1)\times(1+r)/e_t$가 성립해야 한다. 이는 국가 간 자본이동에서 이자율 격차뿐 아니라 환율변동이 중요한 역할을 한다는 것을 시사하고 있다.

3. 환율제도

1) 고정환율제도

고정환율제도는 정부가 외환시장에 개입하여 환율을 일정한 수준에 묶어두는 제도이다. 이는 정부 간 합의에 따라 결정된 환율이다. 만약 국제수지가 적자라면 외환의 초과수요로 인해 중앙은행이 외환시장에 개입(외환매각)하여 고정환율제도를 유지한다. 중앙은행이 외환시장에서 외환을 팔고 국내통화를 사면 국내통화가 중앙은행으로 환수되어 통화량이 감소하게 된다.

이때 중앙은행은 고정환율 유지에 따른 부수적 결과인 통화량 변동을 상쇄하기 위하여 외환 매매와 반대 방향으로 국채(공채)를 사고파는 공개시장조작을 사용한다. 금융정책의 자율성은 없지만, 금융정책을 사용하여 국제수지를 조정할 수 있다는 장점이 있다.

표 13-1 고정환율제도와 변동환율제도의 비교

	고정환율제도	변동환율제도
개념	중앙은행이나 정부가 환율을 일정하게 유지할 의무	외환시장에서 수요와 공급에 의해 환율이 결정
국제수지 불균형	통화량 변화를 통해 조정	환율변동에 의해 자동적으로 조정
국제무역 (자본거래)	환율이 안정적이므로 활발	환 위험에 의해 침체
해외교란 요인	국내로 이동이 쉬움	영향 없음
투기적 단기자본	환율이 안정적이므로 환투기 적음	환율이 불안정적이므로 환차익을 노리는 환투기 이동 많음
금융정책 자율성	자율성 상실	자율성 유지
정책효과	재정정책 효과적, 금융정책 무력	금융정책 효과적, 재정정책 무력
외환준비금	많이 필요	적게 필요
환율변수	외생적 변수(정부의 정책)	내생적 변수(환율시장)

2) 변동환율제도

변동환율제도는 원칙적으로 중앙은행이 외환시장에 개입 없이 시장의 수요와 공급이 일치하는 점에서 환율이 자유롭게 결정되는 제도이다. 국제수지는 환율변동에 따라 자동적으로 조정되며 항상 균형을 이루게 된다. 또한, 외환시장의 수급 상황이 국내 통화량에 영향을 미치지 않으며 금융정책의 자율성이 유지된다는 특징을 가지고 있다.

하지만 단기적으로 환율이 불안정하여 국제무역과 투자위축을 초래할 수 있고 환차익을 노리는 환투기가 발생할 수도 있다. 고정환율제도에서는 외환 준비금을 많이 필요로 하지만, 변동환율제도에서는 고정환율제도보다 적게 외환을 보유한다.

우리나라의 환율제도는 1945년부터 1964년까지 고정환율제도가 채택되었다. 정부가 환율을 일정하게 고정한 것이다. 1964년부터 1980년까지 단일 변동환율제도를 채택하였다. 이 제도는 미 달러에 연동된 고정환율제도이다. 1980년부터 1990년까지 복수통화바스켓제도가 채택되었다. 미 달러뿐만 아니라 교역상대국의 통화의 국제시세에 연동하는 제도였다.

시장평균환율제도가 1990년부터 1997년까지 실시되었다. 이 제도는 전날의 환율을 가중 평균하여 결정하는 제도였다. 1997년 12월 이후 현재까지 외한시장에서 외환의 수요와 공급에 의해 결정되는 변동환율제도가 시행되고 있다.

Chapter

14

국제무역이론

1. 절대우위와 비교우위이론
2. 헥셔=올린 모형

CHAPTER 14
국제무역이론

국제경제는 주로 실물부문을 분석대상으로 하는 국제무역이론과 화폐부문을 다루는 국제금융이론으로 구분된다. 국제무역이론에서는 주로 실물(재화 및 서비스)거래와 관련된 내용을 다루며, 미시적 분석 도구를 이용한다. 내용은 비교우위의 발생원인, 교역조건, 국제무역과 소득분배 등을 다루는 순수무역 이론과 관세, 비관세장벽, 경제통합 등을 다루는 무역정책론으로 구성된다.

1. 절대우위와 비교우위이론

1) 중상주의

중상주의는 15세기부터 18세기 후반 산업혁명에 의해 근대자본주의가 성립하기 전까지 서유럽 여러 나라에서 채택된 경제정책 및 이를 뒷받침

하는 사상을 말한다.

정책의 핵심은 국내시장 보호와 국외시장의 개척이다. 중상주의는 귀금속을 부(wealth)의 원천으로 보았고, 수출을 장려하고 수입을 억제하여 귀금속을 국내로 유입시켜 부를 축적하는 것을 목적으로 하였다. 이를 위해 외국제품의 수입억제를 위한 관세를 부과하는 한편, 국내제품의 수출을 촉진하는 보호무역을 실시하였다. 이는 일종의 제로섬 게임으로 무역을 통해 한 나라가 부유해지면 상대 국가는 가난해지는 것으로 인식한 것이다.

이에 대해 아담 스미스(A.Smith)는 부의 원천은 귀금속이 아니라 노동의 생산물이라고 주장하였다. 즉, 노동의 생산물인 재화와 서비스의 양이 많아질수록 국가의 부가 많아진다고 보았다. 이를 위해 각국이 보유한 노동을 절대적으로 생산비가 낮은 재화생산에 투입하여 재화를 생산한 다음 무역을 진행하면 모든 나라가 부유해질 수 있다고 주장하였다. 중상주의자는 부유해지기 위해 보호무역을 주장하였고, 스미스는 각국이 부유해지려면 자유무역이 이루어져야 한다고 주장하였다.

2) 절대우위론(절대생산비설)

세계가 자국과 외국 2개의 국가로 구성되어있고, 유일한 생산요소인 노동을 이용하여 공업품과 농산품 2종류가 생산되고 있다고 가정하자. 그리고 양국에서 각 재화 1단위 생산하기 위해 필요한 노동량(노동투입계수)을 〈표 14-1〉로 상정하기로 하자.

자국은 공업품 1단위 생산하려면 4단위의 노동을 필요로 하지만 노동투입량의 규모를 2배인 8단위로 하면 생산량도 2배의 2단위가 된다. 이렇게 투입 규모를 확대했을 때 같은 비율로 생산이 증가하는 것을 (규모) 수확 일정이라고 한다. 농산품에 대해서도 외국도 마찬가지이다.

표 14-1 노동의 투입계수

	자국	외국
공업품	4	3
농산품	8	1

〈표 14-1〉에서 어느 나라가 재화 생산에 우위를 가지고 있다고 판단할 수 있을까? 재화 1단위 생산하기 위해 투입되는 노동량이 적을수록 생산은 효율적이고 생산 기술이 뛰어나다고 할 수 있다.

공업품에 대해 자국은 1단위 생산하는데 4단위의 노동투입량이 필요하지만 외국은 3단위이면 충분하기 때문에 생산기술은 외국이 우수하다. 마찬가지로 농산품에 대해 자국은 1단위 생산하는데 8단위의 노동투입량이 필요하지만 외국은 1단위이면 충분하기 때문에 역시 생산기술은 외국이 우수하다.

즉, 외국은 2재화 생산에 절대우위(절대적인 우위성)를 가지고 있다. 반대로, 자국은 2재화 생산에 절대 열위를 가지고 있다. 직관적으로 2재화에 대해 절대우위를 가지고 있는 외국은 자국으로부터 재화를 수입할 필요가 없다.

3) 비교우위론

생산의 우위성을 노동투입계수 자체의 비교로 판단하는 것이 아니라, 각 재화 생산이 노동으로 연결되어 있는 것에 주목하여 상대적으로 파악하는 것이 비교우위의 사고방식이다.

노동의 존재량은 각국에 한정되어 있으므로, 어느 나라에서도 존재하는 모든 노동이 생산에 사용되고 있다면, 어떤 재화의 생산을 늘리기 위해서는 다른 재화의 생산을 줄여야 한다. 〈표 14-1〉에서 자국은 공산품 생산 1단위 늘리려면 4단위의 노동이 필요하므로 농산품 생산을 1/2단위 줄여야 한다.

반면 외국에서는 공산품 생산 1단위 늘리려면 3단위의 노동이 필요하기 때문에 농산품 생산을 3단위 줄여야 한다. 즉 공업품의 기회비용은 자국이 작기 때문에 공산품의 생산은 상대적으로 자국이 효율적이라고 할 수 있다. 마찬가지로 농산품의 기회비용은 외국이 작기 때문에 농산품의 생산은 상대적으로 외국이 효율적이라고 할 수 있다.

따라서 자국은 공산품의 생산에 비교 우위를 가지고 있으며 농산품의 생산에 비교 열위를 가지고 있다. 반면 외국은 농산품 생산에 비교 우위를 가지고 있으며 공산품 생산에 비교 열위를 가지고 있다.

생산우위에 대해 기회비용을 이용해서 고찰하기로 하자. 〈표 14-1〉에서 〈표 14-2〉의 노동생산성으로 변경해서 생각하기로 하자. 노동생산성은 노동1단위에 의해 생산되는 양으로 측정한다.

표 14-2 노동생산성

	자국	외국
공업품	1/4	1/3
농산품	1/8	1

자국 공업품의 노동 생산성은 농산품의 노동생산성의 2배이지만 외국에서는 1/3배이다. 농산품의 노동생산성을 기준으로 하면 공업품의 상대적 노동생산성은 자국이 더 높다는 것을 알 수 있다.

따라서 자국은 공산품에 비교 우위를 가지고, 외국은 농산품에 비교우위를 갖는다고 생각할 수 있다. 각 재화에 대해 양국 노동생산성을 비교하면 다음과 같다. 외국은 농산품의 노동생산성은 자국에 비해 8배 높지만 공산품에서는 4/3배 밖에 높지 않다.

즉 자국의 노동생산성을 기준으로 하면 외국은 공산품보다 농산품이 상대적으로 노동생산성은 높기 때문에 농산품에 비교우위를 가진다. 반면 자국은 외국에 대해 농산품의 노동생산성 낮음보다 공산품의 노동생산성은 낮지 않기 때문에 공산품에 비교우위를 갖는다고 할 수 있다.

4) 특화와 무역 이익

비교우위 이론을 통해 각국에는 비교우위를 가진 재화가 존재하는 것을 알 수 있었다. 여기서 [그림 14-1]과 같이 예를 들어보자.

무역이 없고 각국 소비량=생산량의 자급자족 상태에서 각국은 비교 우위를 가지는 재화의 생산이 확대되도록 노동 배분을 변경한다.

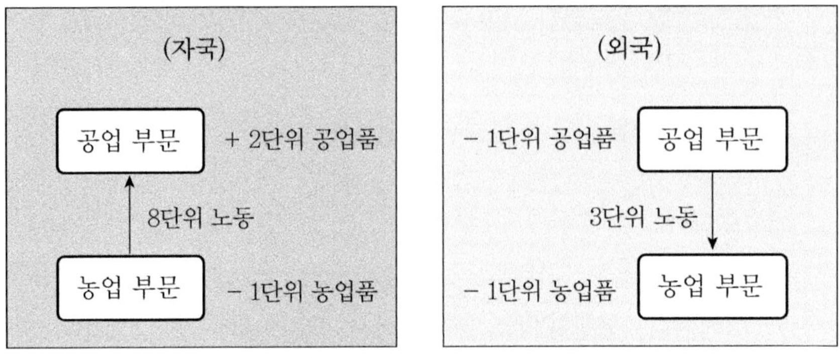

그림 14-1 노동분배의 변경

자국은 8단위 노동을 농업부문에서 공업부문으로 이동하고 외국은 3단위 노동을 공업부문에서 농업부문으로 이동한다. 그러면 자국의 공산품 생산은 2단위 증가하고 농산품 생산은 1단위 감소한다.

반면 외국의 공산품 생산은 1단위 감소하고 농산품 생산은 3단위 증가한다. 따라서 전체적으로 공산품 생산은 1단위 증가하고 농산품 생산은 2단위 증가한다.

또한 자국은 1단위 공업품을 외국에 수출하고 외국은 자국에 1단위 농산품을 수출한다. 무역을 하고 있을 때는 소비량= 생산량 + 수출량 및 소비량 = 생산량 - 수출량이 되는 것을 고려하면 자급자족 상태에 비교하여 자국은 농산품의 소비량을 바꾸지 않고 공산품 1단위의 소비가 증가하고 외국에서는 공산품의 소비량을 바꾸지 않고 농산품 2단위의 소비가 증가한다.

이처럼 무역은 양국에 이익을 가져다준다. 자국은 8단위 노동만을, 외국은 3단위의 노동만을 부문 간에 비교우위 재화 생산으로 이동시켰지만, 양국 모두 존재하는 노동을 비교우위 재화의 생산에 배분하고 특화함으로써 전체적으로 더 많은 재화를 생산하고 무역을 통해 더 많은 재화를 소비할 수 있게 된다.

5) 교역 조건

무역이익과 교역조건에 대해 살펴보기로 하자. 교역조건은 수출재화 1단위로 교환되는 수입재화의 양을 말하며 자국의 교역조건 역수가 외국의 교역조건이 된다. 자국은 비교우위 재화인 공업품의 생산을 1단위 증가하려면 농산품의 생산을 1/2단위 감소시켜야 하므로 공업품 1단위의 수출에 대해 농산품의 수입이 1/2단위보다 많을수록 자국의 무역이익은 커진다.

반면 외국에서는 비교우위 재화인 농산품의 생산을 1단위 증가하려면 공산품의 생산을 1/3단위 감소시켜야 하므로 농산품 1단위의 수출에 대해 공산품의 수입이 1/3단위보다 많을수록 외국의 무역이익은 커진다. 외국은 공업품 1 단위의 수입에 대해 농산품의 수출이 3단위보다 적을수록 무역 이익은 커진다. 따라서 양국이 무역이익을 얻는 자국의 교역조건은 자국 공산품의 기회비용인 1/2에서 외국 공산품의 기회비용인 3의 범위임을 알 수 있다.

이 교역조건이 어떤 값이 될지는 재화에 대한 세계의 수요에 크게 의존한다. 공업품에 대한 수요가 많으면 공업품의 가치는 높아지고 공업품 1단위로 교환되는 농산품이 많아지므로 자국의 교역조건은 높아지고 무역이익은 자국으로 치우친다. 반대로 농산품에 대한 수요가 많으면 농산품의 가치는 높아지고 공산품 1단위로 교환되는 농산품은 적어지므로 자국의 교역조건은 낮아지고 무역이익은 외국으로 치우친다.

하지만 중요한 것은 비교우위에 기반을 둔 무역이 양국에 이익을 가져다주는 것이고, 그 점을 다시 생각해 볼 필요가 있다. 앞에서 언급하였듯이 자국은 1단위 공업품을 외국에 수출하고 외국은 자국에 1단위 농산품을 수출한다고 하자.

즉 자국은 4단위 노동으로 공업품을 1단위 생산하고 농산품을 1단위 얻을 수 있다. 이는 자국은 농산품을 생산하는 과정에 무역을 접목해 스스로 생산하면 8단위의 노동투입이 소요되는 곳을 절반의 노동투입으로 1단위의 농산품을 생산하고 있음을 의미한다.

마찬가지로 외국도 1단위 노동으로 농산품을 1단위 생산하고 공업품을 1단위 얻을 수 있다. 외국은 공업품을 생산하는 과정에 무역을 접목해 스스로 생산하면 3단위의 노동투입이 소요되는 곳을 1/3의 노동투입으로 1단위 공업품을 생산하고 있음을 의미한다.

2. 헥셔=올린 모형

엘리 헥셔(Eli Heckscher, 1879-1952)와 버틸 올린(Bertil Ohlin, 1899-1979)은 사제관계 의 스웨덴 학자들이다. 올린은 1977년에 노벨 경제학상을 수상하였다.

이 이론의 시작은 1919년 헥셔의 논문에서 출발하였다. 스웨덴어로 발표되어 알려지지 않았지만, 제자 올린에게 계승되어 완성된 것이다.

1) 혁셔=올린 정리

이 이론의 특징은 다음과 같다. 리카도 모델에서 노동이라는 생산요소를 이용하여 무역이 이루어지는 근거를 각국의 생산기술의 차이로 설명하였다. 헥셔=올린 모델에서는 노동뿐만 아니라 자본이나 토지와 같은 복수의 생산요소를 이용하여 무역이 이루어지는 근거를 각국의 요소부존의 차이로 설명하였다.

그래서 헥셔=올린의 정리는 자국에 상대적으로 풍부하게 부존하는 생산요소를 집약적으로 사용하여 생산되는 재화를 수출입한다는 것이다. 예를 들어 노동 풍부국은 노동집약재화에 비교우위를 갖고 자본 풍부국은 자본집약재화에 비교우위를 갖는다는 것이다. 상대적으로 풍부하게 부존된 요소를 집약적으로 사용함으로써 재화에 비교우위를 갖는다는 것이다.

2) 요소가격 균등화 정리

요소 가격 균등화 정리는 요소가격의 상대가격이 국가 간에 균등화된다는 이론적 결과를 말한다. 2국, 2재, 2개 생산요소의 경제가 있다고 하자. 생산요소에는 자본과 노동이 있다. 두 나라 간에 생산기술이 같고 양국이 2개의 재화를 생산하고 있다고 하자.

이러한 가정에서 생산요소의 국제이동이 없어도 자유무역에 의해 자국 생산요소의 상대가격과 외국 생산요소의 상대가격이 같아진다. 예를 들어 자국이 노동 풍부국이고 외국이 자본 풍부국이라면 무역에 의해 자국에서는 노동의 상대가격(즉 임금/자본 이자)이 상승하고 외국에서는 자본의 상대가격(즉 자본 이자/임금)이 상승한다(즉 임금/자본 이자가 저하). 폐쇄경제에서는 풍부하게 있는 생산요소의 상대가격이 낮을 것이기 때문에 자국에서는 초기 시점에서 임금이 낮았던 것이 무역이 이루어지면서 상승하고 외국에서는 초기 시점에서 자본 이자가 저렴하였던 것이 무역이 이루어지면서 상승하는 결과가 된다.

즉, 저렴한 생산요소의 가격이 상대적으로 비싸지고, 고가의 생산요소 가격이 상대적으로 저렴해진다. 완전경쟁시장에서는 생산요소의 가치(가격)는 그 생산요소의 한계생산 × 재화의 가격(한계 생산물 가치)과 같다. 노동의 한계생산은 고용된 노동자의 양과 자본의 양에 의존한다. 어떤 산업에서 고용되는 노동자의 수가 증가하면 그 산업의 노동 한계생산은 체감된다.

자본의 양이 늘어나면 같은 산업의 노동 한계생산은 상승한다. 그리고 한계생산물가치는 재화의 가격에 의존한다. 따라서 재화의 상대가격이 2국 간에 같아지는 것이 요소가격 균등화가 일어나는 데 중요하다. 두 나라가 무역을 시작하면 재화의 상대가격이 두 나라 간에 동일해 진다. 그 결과 생산요소의 상대가격도 두 나라 간에 동일해 진다.

이 정리가 의미하는 것은 두 나라가 무역을 시작하면 두 나라 간에 동일한 산업의 임금이 같은 수준에 가까워진다는 것이다. 양국 요소의 상대가격이 같다면 한계생산대체율도 같아진다.

생산에 동조성이 성립하는 경우 생산요소 간의 비율이 일치하고 있다는 것을 의미한다. 이는 요소들의 한계생산이 동일해진다는 것을 나타낸다. 그 결과 교역으로 최종재의 상대가격도 동일하기 때문에 양국의 절대소득도 같아진다.

3) 스토퍼=샤뮤엘슨 정리

스톨퍼=사무엘슨 정리(Stolper and Samuelson, 1941)에 따르면 무역으로 인해 선진국에서는 선진국에 풍부한 고기능(고학력) 근로자의 임금이 상승하고 저기능(저학력) 근로자의 임금이 낮아진다. 이에 따라 양측의 임금 격차는 확대된다. 한편, 개발도상국에서는 개발도상국에 풍부한 저기능 노동자의 임금이 상승하여 고기능 노동자의 임금과의 격차가 축소된다.

스토퍼=샤뮤엘슨 정리는 선진국에서는 무역에 의해 불평등이 확대되는 반면, 개도국에서는 무역에 의해 불평등은 축소된다고 예측한다. 하지만 현실에는 스톨퍼=사무엘슨 정리에 모순되는 현상이 관찰되고 있다. 선신국뿐만 아니라 개도국에서도 불평등이 확대되고 있는 것으로 나타나고 있기 때문이다.

4) 립진스키 정리

립친스키의 정리는 재화의 상대가격이 일정한 상황에서 생산요소의 요소부존량이 증가하면 그 생산요소를 집약적으로 사용하여 생산하는 재화의 생산량이 증가하고 다른 재화의 생산량이 감소한다는 이론적 결과이다. 국제무역이론의 헥셔=올린 모델을 이용해 두 나라 간에 생산요소가 이동하는 데 따른 효과를 검증할 수 있다.

노동의 국제이동은 이주라고 불리고, 자본의 국제이동은 해외직접투자라고 한다. 이러한 생산요소의 국제이동은 재화의 생산량 변화를 가져온다. 예를 들어 자본집약적인 자동차와 노동집약적인 신발, 이 두 가지 재화가 존재하는 경제를 생각하기로 하자. 이민의 증가로 노동의 요소부존량이 증대하였다.

그러면 신발 생산량이 증가하고 자동차 생산량이 감소한다. 노동 요소부존량이 증가했으니 신발 생산량이 증가하는 것은 직관적으로 이해할 수 있다. 자동차 생산량이 감소한다는 결과가 직감에 어긋날 수 있다. 이 결과는 자본이 자유롭게 산업 간을 이동할 수 있는 데서 나온다.

노동 요소부존량이 증가하면 대부분 신발 생산자로 고용된다. 그 결과 신발 산업은 자본의 한계 생산성이 상승하고, 그에 반응하여 자본이 자동차 산업에서 신발 산업으로 이동해 버리는 것이다. 자동차 산업에서는 생산요소를 잃게 되므로 생산량이 감소한다.

직접투자 유입이 증대하여 자본의 요소부존량이 증대했다고 하자. 그러면 자동차 생산량이 증가하고 신발 생산량이 감소한다. 자본의 요소부존량이 증가했으니 자동차 생산량이 증가하는 것은 직관적으로 이해할 수 있다. 신발 생산량이 감소한다는 결과가 직감에 어긋날 수 있다. 이 결과는 노동이 자유롭게 산업 간을 이동할 수 있는 데서 나온다.

자본의 요소부존량이 증가하면 대부분 자동차를 생산하는 데 쓰인다. 그 결과, 자동차 산업에서는 노동의 한계 생산성이 상승하고 그에 반응해 노동이 신발 산업에서 자동차 산업으로 이동해 버리는 것이다. 신발 산업에서는 생산요소를 잃게 되므로 생산량이 감소한다. 즉, 립진스키의 정리는 재화 상대가격이 일정할 때 어떤 요소부존량이 증가하면 해당 요소를 집약적으로 사용하는 재화의 생산량은 증가하지만, 다른 재화의 생산량이 감소한다는 것이다.

REFERENCE

참고문헌

김기영·임종수·정행득(2014), 『경제의 이해』, 도서출판 두남.
김기영·정행득·권태환(2011), 『국제경제의 이해(개정판)』, 도서출판 두남.
김종원·김종국, 해커스 학원시험연구소, 『해커스 공무원 사회(경제)』.
김진세·박남규·전용유(2018), 『생활과 경제(개정판)』, 도서출판, 두남.
김영식(2006), 『거시편 경제학 연습』, 법문사.
김영식(2006), 『미시편 경제학 연습』, 법문사.
김용민(2015), 『기초경제의 이해』, 도서출판 두남.
김용민(2017), 『기초 경제교육』, 도서출판 두남.
김용진(2011), 『TGIF시대의 글로벌 경제』, 도서출판 두남.
박지훈(2012), 『거시경제학 체계잡기』, 에프엠.
박지훈(2012), 『미시시경제학 체계잡기』, 에프엠.
박유영, 김영우, 강달원(2019), 『생활경제』, 탑북스.
배기형, 이유빈, 김언군(2013), 『알기 쉬운 세계경제』, 도서출판 두남.
안국신(2014), 『경제학 길잡이』, 율곡출판사.
안홍식(2014), 『경제학원론(제4판)』, 삼영사.
양원태(2006), 『시장경제의 원리』, 삼영사.
윤명길·이국연·김유오(2010), 『생활경제』, 도서출판 두남.
윤명길·김종진(2018), 『생활경제』, 도서출판, 두남.
이영환·김진욱(2007), 『경제학 강의』, 율곡출판사.
이윤재(2005), 『최신 거시경제학(제2판)』, 삼영사.

이준구·이창용(2012),『경제학원론(제4판)』, 법문사.

정영규(2006),『정영규의 국제경제학』, 연경문화사.

정운찬, 김영식(2010),『거시경제학(제9판)』, 율곡출판사.

조순·정운찬·전진성·김영식(2011),『경제학원론(제9판)』, 율곡출판사.

최명식(2007),『시장경제』, 삼영사.

石川秀樹(2014),『速習マクロ経済学』, 中央経済社

石川秀樹(2014),『速習ミクロ経済学』, 中央経済社

茂木久雄(2012),『らくらくミクロ経済学入門』, 週刊住宅新聞社

茂木久雄(2012),『らくらくマクロ経済学入門』, 週刊住宅新聞社

N. Gregory Mankiw/김경환·김종석 옮김(2013),『맨큐의 핵심 경제학』, 교보문고.

N. Gregory Mankiw/이병락 옮김(2010),『거시경제학』, 시그마프레스.

N. Gregory Mankiw, 김경환·김종석 옮김(2003),『맨큐의 핵심경제학(제2판)』, 고보문고.

Paul Krugman, Robin Wells, Martha L. Olney, 김재영·박대근·전변현 옮김(2008),

『크루구먼의 경제학 입문』, 시그마프레스.

EBS,『수능특강, 경제』.

INDEX

찾아보기

가

가격기구 17, 24
가격수용자 106, 109, 115
가변비용 99
게임이론 132, 133
경제주체 18, 19, 20, 31, 66, 82, 141
고정비용 99, 100, 114, 122
고정환율제도 189
공공재 22
공급 37, 38, 44, 45, 46, 58
과점 106, 107, 112, 129
교환비율 38, 81, 185
구매력 평가설 187
금융정책 190, 191
기회비용 30, 31, 97, 198

나

내쉬균형 135

다

대체효과 86, 88
독점 106, 107, 121, 122
등량곡선 94, 95, 96
등비곡선 97, 98

마

매몰비용 34, 100
무차별곡선 79, 80, 83

바

변동환율제도 190, 191
복점 129
비교우위 195, 198, 199, 202
비용함수 99

사

생산가능곡선 31, 32, 33
생산기술 28, 45, 46, 197
생산요소 18, 20, 21, 23, 27, 37, 141, 154, 203, 205, 206
생산함수 91, 93, 95, 96, 97
소득효과 86, 88
손익분기점 112
수요 37, 38, 43, 49, 56, 57, 63

수요곡선 39, 40, 43

아

완전경쟁시장 105, 106, 107, 109, 110, 117
용의자 딜레마 133, 134, 135
유량 39, 44, 143, 179
유효수요 154
이자율 평가설 188
인플레이션 139, 140, 152, 153, 154, 164

자

자급자족 199, 200
자연독점 122, 123
자연실업률 163
재정정책 190
절대우위 195, 196, 197
정상이윤 112, 115, 117, 127
조업중단점 114

차

초과공급 51, 159, 163, 187
초과수요 49, 50, 187, 189
총공급 154
총수요 154, 155, 174
최고가격제 50, 51
최저가격제 50, 51

파

평균비용 101, 112, 115
필립스곡선 163, 164

하

한계기술대체율 95, 98
한계대체율 80, 81
한계변화율 33, 34
한계비용 101, 117, 127
한계생산 91, 93, 95, 99, 204
한계생산물가치 204
한계수입 110, 124, 125
한계효용이론 74, 75, 79
한계효용체감 76, 77
합리성 31
합리적 기대 173
환율 185, 186, 187, 188, 189, 190, 191
효용 17, 20, 21, 40, 48, 73, 74, 75, 79
희소성 25, 26, 27, 31

■ 저자 약력 ■

✿ 김 용 민 (金 龍 珉)

일본 주오(중앙)대학교 경제학부 졸업
동 대학교대학원 경제학 연구과 졸업(경제학 박사)
동 대학교 경제연구소 객원연구원 역임
현) 부산교육대학교 사회교육과 조교수

[저서]
『기초경제의 이해』, 도서출판 두남, 2015.
『기초 경제교육』, 도서출판 두남, 2016.

● **생활 경제**

초 판 1쇄 인쇄 —— 2023년 1월 5일
초 판 1쇄 발행 —— 2023년 1월 10일
지은이 —— 김 용 민
펴낸이 —— 전 두 표
펴낸곳 —— 도서출판 **두남**
서울시 강동구 성내로 6길 34-16 두남빌딩
신 고 : 제25100-1988-9호
TEL : 02) 478-2065~7, 2311
FAX : 02) 478-2068
E-mail : dnbooks@dunam.co.kr
http://www.dunam.co.kr

● **정가 17,000원**

ISBN 978-89-6414-960-7 93320

화엄경 제23권 도솔천궁게찬품

화엄경 제23권에는 도솔천궁게찬품과 10회향품 일부가 나온다.

먼저 도솔천궁게찬품에서는 묘보·묘락·묘은·묘금·마니·금강·묘파두마·묘우발라·묘전단·묘향 등 세계에서 오신 금강당·견고당·용맹당·광명당·지당·보당·정진당·이구당·성숙당·법당보살들이 각기 자기나라부처님들의 이름으로 문안(pp.1~8)하고 찬탄한다.

① 금강당보살 (pp.13~16) ② 견고당보살 (pp.16~19)
③ 동명당보살 (pp.19~22) ④ 광명당보살 (pp.22~25)
⑤ 지당보살 (pp.25~28) ⑥ 보당보살 (pp.29~31)
⑦ 정진당보살 (pp.32~34) ⑧ 이구당보살 (pp.35~38)
⑨ 성숙당보살 (pp.38~41) ⑩ 법당보살 (pp.41~44)

다음 10회향품은 금강당보살이 부처님의 신력을 입고 보살지광삼매에 들어가 과거 한량없는 겁으로부터 시방 삼세 모든 부처님께서 설하신 10회향(pp.52~53)에 대하여 설한다.

10회향에 대해서는 ① 구호일체중생이중생회향(pp.54~92)에 대하여 설하고 부처님의 공덕 법장에 들어가 게송을 읊는다.(pp.93~110p)

"不思議劫修行道 ∽ 一切諸佛皆稱歎"

하고 말이다.

兜率天宮偈讚品
第
二十四
爾時佛神力故十方各有
一大菩薩一一各與佛刹
微塵數菩薩俱從萬佛刹
微塵數國土外諸世界中來
詣佛所其名曰金剛幢菩薩

堅固幢菩薩勇猛幢菩薩光
견고당보살용맹당보살광

明幢菩薩智幢菩薩寶幢菩
명당보살지당보살보당보

薩精進幢菩薩離垢幢菩薩
살정진당보살리구당보살

星宿幢菩薩法幢菩薩
성수당보살법당보살

所從來國謂妙寶世界妙
소종래국위묘보세계묘

樂世界妙銀世界妙金世界
락세계묘은세계묘금세계

妙摩尼世界妙金剛世界妙
묘마니세계묘금강세계묘

佛 불	佛 불	佛 불	佛 불	佛 불	妙 묘	波 파
	自 자	明 명	風 풍	所 소	栴 전	頭 두
	在 재	相 상	幢 당	淨 정	檀 단	摩 마
	幢 당	幢 당	佛 불	修 수	世 세	世 세
	佛 불	佛 불	解 해	梵 범	界 계	界 계
	梵 범	常 상	脫 탈	行 행	妙 묘	妙 묘
	幢 당	幢 당	幢 당	所 소	香 향	優 우
	佛 불	佛 불	佛 불	謂 위	世 세	鉢 발
	觀 관	最 최	威 위	無 무	界 계	羅 라
	察 찰	勝 승	儀 의	盡 진	各 각	世 세
	幢 당	幢 당	幢 당	幢 당	於 어	界 계

其諸菩薩至佛所已頂禮
기제보살지불소이정례

佛足以佛神力卽化作妙寶
불족이불신력즉화작묘보

藏師子之座寶網彌覆周帀
장사자지좌보망미부주잡

徧滿諸菩薩衆隨所來方各
변만제보살중수소래방각

於其上結跏趺坐其身悉放
어기상결가부좌기신실방

百千億那由他阿僧祇淸淨
백천억나유타아승기청정

光明此無量光皆從菩薩淸
광명차무량광개종보살청

淨(정)心(심)寶(보)離(리)衆(중)過(과)惡(오)大(대)願(원)所(소)起(기)
顯(현)示(시)一(일)切(체)諸(제)佛(불)自(자)在(재)淸(청)淨(정)之(지)
法(법)以(이)諸(제)菩(보)薩(살)平(평)等(등)願(원)力(력)能(능)普(보)
救(구)護(호)一(일)切(체)衆(중)生(생)一(일)切(체)世(세)間(간)之(지)
所(소)樂(락)見(견)見(견)者(자)不(불)虛(허)悉(실)得(득)調(조)伏(복)
其(기)菩(보)薩(살)衆(중)悉(실)已(이)成(성)就(취)無(무)量(량)
功(공)德(덕)所(소)謂(위)徧(변)遊(유)一(일)切(체)諸(제)佛(불)國(국)

土無所障礙見無依止清淨 (토무소장애견무의지청정)
法身以智慧身現無量身徧 (법신이지혜신현무량신변)
往十方承事諸佛入於諸佛 (왕시방승사제불입어제불)
無量無邊不可思議自在之 (무량무변불가사의자재지)
法住於無量一切智門以智 (법주어무량일체지문이지)
光明善了諸法於諸法中得 (광명선료제법어제법중득)
無所畏隨所演說窮未來際 (무소외수소연설궁미래제)

菩 보	切 체	諸 제	若 약	境 경	門 문	辯 변
薩 살	兜 도	菩 보	虛 허	界 계	慧 혜	才 재
而 이	率 솔	薩 살	空 공	無 무	眼 안	無 무
來 래	天 천	衆 중	如 여	有 유	淸 청	盡 진
集 집	宮 궁	如 여	此 차	邊 변	淨 정	以 이
會 회	悉 실	是 시	世 세	際 제	入 입	大 대
所 소	有 유	來 래	界 계	究 구	深 심	智 지
從 종	如 여	集 집	兜 도	竟 경	法 법	慧 혜
來 래	是 시	十 시	率 솔	淸 청	界 계	開 개
國 국	名 명	方 방	天 천	淨 정	智 지	總 총
諸 제	號 호	一 일	宮 궁	猶 유	慧 혜	持 지

佛名號亦皆同等無有差別
불명호역개동등무유차별

爾時世尊從兩膝輪放百
이시세존종량슬륜방백

千億那由他光明普照十方
천억나유타광명보조시방

盡法界虛空界一切世界彼
진법계허공계일체세계피

諸菩薩皆見於此佛神變相
제보살개견어차불신변상

此諸菩薩亦見於彼一切如
차제보살역견어피일체여

來神變之相如是菩薩皆與
래신변지상여시보살개여

毘盧遮那如來於往昔時同
비로자나여래어왕석시동
種善根修菩薩行悉已悟入
종선근수보살행실이오입
諸佛自在甚深解脫得無差
제불자재심심해탈득무차
別法界之身入一切土而無
별법계지신입일체토이무
所住見無量佛悉往承事於
소주견무량불실왕승사어
一念中周行法界自在無礙
일념중주행법계자재무애
心意淸淨如無價寶無量無
심의청정여무가보무량무

數諸佛如來常加護念共與
其力到於究竟第一彼岸恒
以淨念住無上覺念念恒入
一切智處
以小入大以大入小皆得
自在通達無礙已得佛身與
佛同住獲一切智從一切智

衆 중	土 토	自 자	金 금	法 법	處 처	而 이
生 생	教 교	在 재	剛 강	門 문	悉 실	生 생
於 어	化 화	神 신	定 정	到 도	能 능	其 기
一 일	調 조	通 통	斷 단	金 금	隨 수	身 신
切 체	伏 복	普 보	諸 제	剛 강	入 입	一 일
數 수	百 백	於 어	疑 의	幢 당	開 개	切 체
雖 수	千 천	一 일	惑 혹	大 대	闡 천	如 여
無 무	萬 만	切 체	已 이	智 지	無 무	來 래
所 소	億 억	十 시	得 득	彼 피	量 량	所 소
著 착	無 무	方 방	諸 제	岸 안	智 지	行 행
善 선	數 수	國 국	佛 불	獲 획	慧 혜	之 지

能修學成就究竟方便安立
능수학성취구경방편안립

一切諸法
일체제법

如是等百千億那由他不
여시등백천억나유타불

可說無盡淸淨三世一切無
가설무진청정삼세일체무

量功德藏諸菩薩衆皆來集
량공덕장제보살중개래집

會在於佛所因光所見一切
회재어불소인광소견일체

佛所悉亦如是
불소실역여시

爾(이)時(시)金(금)剛(강)幢(당)

力(력)普(보)觀(관)十(시)方(방)而(이)

菩(보)薩(살)承(승)佛(불)神(신)

說(설)頌(송)言(언)

如(여)來(래)不(불)出(출)世(세)

亦(역)無(무)有(유)涅(열)槃(반)

以(이)本(본)大(대)願(원)力(력)

示(시)現(현)自(자)在(재)法(법)

是(시)法(법)難(난)思(사)議(의)

非(비)心(심)所(소)行(행)處(처)

智(지)慧(혜)到(도)彼(피)岸(안)

乃(내)見(견)諸(제)佛(불)境(경)

色(색)身(신)非(비)是(시)佛(불)

音(음)聲(성)亦(역)復(부)然(연)

亦不離色聲 역불리색성
少智不能知 소지불능지
久修淸淨業 구수청정업
正覺無來處 정각무래처
淸淨妙色身 청정묘색신
無量世界中 무량세계중
廣說微妙法 광설미묘법

見佛神通力 견불신통력
諸佛實境界 제불실경계
於此乃能了 어차내능료
去亦無所從 거역무소종
神力故顯現 신력고현현
示現如來身 시현여래신
其心無所著 기심무소착

사경의 공덕은 십만억 부처님께 공양한 것과 같은 공덕이 있습니다.

智慧無邊際 (지혜무변제)
普入於法界 (보입어법계)
衆生及諸法 (중생급제법)
普現衆色像 (보현중색상)
欲求一切智 (욕구일체지)
應以淨妙心 (응이정묘심)
若有見如來 (약유견여래)

了達一切法 (요달일체법)
示現自在力 (시현자재력)
了達皆無礙 (요달개무애)
徧於一切刹 (변어일체찰)
速成無上覺 (속성무상각)
修習菩提行 (수습보리행)
如是威神力 (여시위신력)

사경의 공덕은 십만억 부처님께 공양한 것과 같은 공덕이 있습니다.

當於最勝尊 (당어최승존)
爾時堅固幢 (이시견고당)
力普觀十方而 (력보관시방이)
如來勝無比 (여래승무비)
出過言語道 (출과언어도)
汝觀人師子 (여관인사자)
已離於分別 (이리어분별)

供養勿生疑 (공양물생의)
菩薩承佛神 (보살승불신)
說頌言 (설송언)
甚深不可說 (심심불가설)
清淨如虛空 (청정여허공)
自在神通力 (자재신통력)
而令分別見 (이령분별견)

導師爲開演 도사위개연
以是因緣故 이시인연고
此是大智慧 차시대지혜
若欲了知者 약욕료지자
意業常淸淨 의업상청정
終無疲厭心 종무피염심
具無盡功德 구무진공덕

甚深微妙法 심심미묘법
現此無比身 현차무비신
諸佛所行處 제불소행처
常應親近佛 상응친근불
供養諸如來 공양제여래
能入於佛道 능입어불도
堅住菩提心 견주보리심

사경의 공덕은 십만억 부처님께 공양한 것과 같은 공덕이 있습니다.

以是疑網除 이시의망제
通達一切法 통달일체법
此人能了知 차인능료지
廣大智所說 광대지소설
應起勝希望 응기승희망
若有尊敬佛 약유존경불
彼人終不離 피인종불리

觀佛無厭足 관불무염족
是乃眞佛子 시내진불자
諸佛自在力 제불자재력
欲爲諸法本 욕위제법본
志求無上覺 지구무상각
念報於佛恩 염보어불은
一切諸佛住 일체제불주

何有智慧人 於佛得見聞

不修淸淨願 履佛所行道

爾時勇猛幢菩薩承佛神

力普觀十方而說頌言

譬如明淨眼 因日覩衆色

淨心亦復然 佛力見如來

如以精進力 能盡海源底

智力亦如是 지력역여시
譬如良沃田 비여량옥전
如是淨心地 여시정심지
如人獲寶藏 여인획보장
菩薩得佛法 보살득불법
譬如伽陀藥 비여가타약
佛法亦如是 불법역여시

得見無量佛 득견무량불
所種必滋長 소종필자장
出生諸佛法 출생제불법
永離貧窮苦 영리빈궁고
離垢心淸淨 이구심청정
能消一切毒 능소일체독
滅諸煩惱患 멸제번뇌환

眞實善知識 진실선지식
以彼威神故 이피위신고
設於無數劫 설어무수겁
不知佛實相 부지불실상
無量衆色相 무량중색상
非於色相中 비어색상중
如來等正覺 여래등정각

如來所稱讚 여래소칭찬
得聞諸佛法 득문제불법
財寶施於佛 재보시어불
此亦不名施 차역불명시
莊嚴於佛身 장엄어불신
而能見於佛 이능견어불
寂然恒不動 적연항부동

而能普現身 偏滿十方界 (이능보현신 변만시방계)
譬如虛空界 不生亦不滅 (비여허공계 불생역불멸)
諸佛法如是 畢竟無生滅 (제불법여시 필경무생멸)
爾時光明幢菩薩承佛神 (이시광명당보살승불신)
力普觀十方而說頌言 (력보관시방이설송언)
人間及天上 一切諸世界 (인간급천상 일체제세계)
普見於如來 清淨妙色身 (보견어여래 청정묘색신)

譬如一心力(비여일심력)
如是一佛身(여시일불신)
菩提無二法(보리무이법)
而於二法中(이어이법중)
了法性空寂(요법성공적)
所行無有盡(소행무유진)
三世一切佛(삼세일체불)

能生種種心(능생종종심)
普現一切佛(보현일체불)
亦復無諸相(역부무제상)
現相莊嚴身(현상장엄신)
如幻而生起(여환이생기)
導師如是現(도사여시현)
法身悉清淨(법신실청정)

隨其所應化 (수기소응화)
如來不念言 (여래불념언)
自然而示現 (자연이시현)
法界無差別 (법계무차별)
而於世間中 (이어세간중)
佛身非變化 (불신비변화)
於無化法中 (어무화법중)

普現妙色身 (보현묘색신)
我作如是身 (아작여시신)
未嘗起分別 (미상기분별)
亦無所依止 (역무소의지)
示現無量身 (시현무량신)
亦復非非化 (역부비비화)
示有變化形 (시유변화형)

正覺不可量 法界虛空等
정각불가량 법계허공등

深廣無涯底 言語道悉絶
심광무애저 언어도실절

如來善通達 一切處行道
여래선통달 일체처행도

法界衆國土 所往皆無礙
법계중국토 소왕개무애

爾時智幢菩薩承佛神力
이시지당보살승불신력

普觀十方而說頌言
보관시방이설송언

若人能信受 一切智無礙
약인능신수 일체지무애

사경의 공덕은 십만억 부처님께 공양한 것과 같은 공덕이 있습니다.

사경의 공덕은 십만억 부처님께 공양한 것과 같은 공덕이 있습니다.

或時示一二 혹시시일이
普現十方刹 보현시방찰
譬如淨滿月 비여정만월
影像雖無量 영상수무량
如是無礙智 여시무애지
普現一切刹 보현일체찰
非一亦非二 비일역비이

乃至無量身 내지무량신
其實無二種 기실무이종
普現一切水 보현일체수
本月未曾二 본월미증이
成就等正覺 성취등정각
佛體亦無二 불체역무이
亦復非無量 역부비무량

사경의 공덕은 십만억 부처님께 공양한 것과 같은 공덕이 있습니다.

隨其所應化 示現無量身
수기소응화 시현무량신

佛身非過去 亦復非未來
불신비과거 역부비미래

一念現出生 成道及涅槃
일념현출생 성도급열반

如幻所作色 無生亦無起
여환소작색 무생역무기

佛身亦如是 示現無有生
불신역여시 시현무유생

爾時寶幢菩薩承佛神力
이시보당보살승불신력

普觀十方而說頌言
보관시방이설송언

사경의 공덕은 십만억 부처님께 공양한 것과 같은 공덕이 있습니다.

佛身無有量 (불신무유량)
隨其所應覩 (수기소응도)
佛身無處所 (불신무처소)
如空無邊際 (여공무변제)
非心所行處 (비심소행처)
諸佛境界中 (제불경계중)
如翳眼所覩 (여예안소도)

能示有量身 (능시유량신)
導師如是現 (도사여시현)
充滿一切處 (충만일체처)
如是難思議 (여시난사의)
心不於中起 (심불어중기)
畢竟無生滅 (필경무생멸)
非內亦非外 (비내역비외)

世間見諸佛
饒益衆生故
衆生見有出
不可以國土
歲月一剎那
衆生如是說
如來得菩提

應知亦如是
如來出世間
而實無興世
晝夜而見佛
當知悉如是
某日佛成道
實不繫於日

如來離分別 (여래리분별)
三世諸導師 (삼세제도사)
譬如淨日輪 (비여정일륜)
而說某日夜 (이설모일야)
三世一切劫 (삼세일체겁)
而說三世佛 (이설삼세불)
爾時精進幢 (이시정진당)
菩薩承佛神 (보살승불신)

非世超諸數 (비세초제수)
出現皆如是 (출현개여시)
不與昏夜合 (불여혼야합)
諸佛法如是 (제불법여시)
不與如來合 (불여여래합)
導師法如是 (도사법여시)

力(력)普(보)觀(관)十(시)方(방)
而(이)說(설)頌(송)言(언)

一(일)切(체)諸(제)導(도)師(사)
身(신)同(동)義(의)亦(역)然(연)

普(보)於(어)十(시)方(방)刹(찰)
隨(수)應(응)種(종)種(종)現(현)

汝(여)觀(관)牟(모)尼(니)尊(존)
所(소)作(작)甚(심)奇(기)特(특)

充(충)滿(만)於(어)法(법)界(계)
一(일)切(체)悉(실)無(무)餘(여)

佛(불)身(신)不(부)在(재)內(내)
亦(역)復(부)不(부)在(재)外(외)

神(신)力(력)故(고)顯(현)現(현)
導(도)師(사)法(법)如(여)是(시)

隨諸衆生類 수제중생류
如是種種身 여시종종신
諸佛身如是 제불신여시
唯除大覺尊 유제대각존
如以我難思 여이아난사
佛難思亦爾 불난사역이
如刹不可思 여찰불가사

先世所集業 선세소집업
示現各不同 시현각부동
無量不可數 무량불가수
無有能思議 무유능사의
心業莫能取 심업막능취
非心業所現 비심업소현
而見淨莊嚴 이견정장엄

사경의 공덕은 십만억 부처님께 공양한 것과 같은 공덕이 있습니다.

佛難思亦爾 妙相無不現
불난사역이 묘상무불현

譬如一切法 衆緣故生起
비여일체법 중연고생기

見佛亦復然 必假衆善業
견불역부연 필가중선업

譬如隨意珠 能滿衆生心
비여수의주 능만중생심

諸佛法如是 悉滿一切願
제불법여시 실만일체원

無量國土中 導師興於世
무량국토중 도사흥어세

隨其願力故 普應於十方
수기원력고 보응어시방

爾時離垢幢菩薩承佛神力普觀十方而說頌言

如來大智光　普淨諸世間
世間旣淨已　開示諸佛法
設有人欲見　衆生數等佛
靡不應其心　而實無來處
以佛爲境界　專念而不息

此人得見佛
成就白淨法
彼於一切智
導師爲衆生
隨於可化處
佛身及世間
悟此成正覺
其數與心等
具足諸功德
專念心不捨
如應演說法
普現最勝身
一切皆無我
復爲衆生說

一切人師子 (일체인사자)
示現念等身 (시현념등신)
世間如是身 (세간여시신)
了知其自性 (요지기자성)
如來普知見 (여래보지견)
佛法及菩提 (불법급보리)
導師無來去 (도사무래거)

無量自在力 (무량자재력)
其身各不同 (기신각부동)
諸佛身亦然 (제불신역연)
是則說名佛 (시즉설명불)
明了一切法 (명료일체법)
二俱不可得 (이구불가득)
亦復無所住 (역부무소주)

遠離諸顚倒 원리제전도
爾時星宿幢 이시성수당
力普觀十方而 력보관시방이
如來無所住 여래무소주
一切土皆往 일체토개왕
佛隨衆生心 불수중생심
成道轉法輪 성도전법륜

是名等正覺 시명등정각
菩薩承佛神 보살승불신
說頌言 설송언
普住一切刹 보주일체찰
一切處咸見 일체처함견
普現一切身 보현일체신
及以般涅槃 급이반열반

諸佛不思議 제불불사의
誰能見正覺 수능견정각
一切法皆如 일체법개여
乃至無一法 내지무일법
衆生妄分別 중생망분별
了達法性者 요달법성자
如來普現前 여래보현전

誰能思議佛 수능사의불
誰能現最勝 수능현최승
諸佛境亦然 제불경역연
如中有生滅 여중유생멸
是佛是世界 시불시세계
無佛無世界 무불무세계
令衆生信喜 영중생신희

佛體不可得 (불체불가득)
若能於世間 (약능어세간)
無礙心歡喜 (무애심환희)
神力之所現 (신력지소현)
三世一切時 (삼세일체시)
若能如是知 (약능여시지)
一切悉知見 (일체실지견)

彼亦無所見 (피역무소견)
遠離一切著 (원리일체착)
於法得開悟 (어법득개오)
卽此說名佛 (즉차설명불)
求悉無所有 (구실무소유)
心意及諸法 (심의급제법)
疾得成如來 (질득성여래)

言語中顯示 (언어중현시)
正覺超語言 (정각초어언)

爾時 法幢菩薩 承佛神力 (이시 법당보살 승불신력)
普觀十方 而說頌言 (보관시방 이설송언)

一切佛自在 (일체불자재)
假以語言說 (가이어언설)

寧可恒具受 (영가항구수)
一切世間苦 (일체세간고)

終不遠如來 (종불원여래)
不覩自在力 (부도자재력)

若有諸衆生 (약유제중생)
未發菩提心 (미발보리심)

一得聞佛名 일득문불명
若有智慧人 약유지혜인
必成無上尊 필성무상존
如來自在力 여래자재력
若生一念信 약생일념신
設於念念中 설어념념중
未知眞實法 미지진실법

決定成菩提 결정성보리
一念發道心 일념발도심
愼莫生疑惑 신막생의혹
無量劫難遇 무량겁난우
速證無上道 속증무상도
供養無量佛 공양무량불
不名爲供養 불명위공양

若聞如是法 (약문여시법)
雖經無量苦 (수경무량고)
一聞入智慧 (일문입지혜)
普於法界中 (보어법계중)
雖盡未來際 (수진미래제)
不求此妙法 (불구차묘법)
衆生無始來 (중생무시래)

諸佛從此生 (제불종차생)
不捨菩提行 (불사보리행)
諸佛所入法 (제불소입법)
成三世導師 (성삼세도사)
徧遊諸佛刹 (변유제불찰)
終不成菩提 (종불성보리)
生死久流轉 (생사구류전)

사경의 공덕은 십만억 부처님께 공양한 것과 같은 공덕이 있습니다.

不了眞實法 (불료진실법)
諸佛故興世 (제불고흥세)

諸法不可壞 (제법불가괴)
亦無能壞者 (역무능괴자)

自在大光明 (자재대광명)
普示於世間 (보시어세간)

十迴向品第二十五之一 (십회향품제이십오지일)

爾時金剛幢菩薩承佛神 (이시금강당보살승불신)

力入菩薩智光三昧入是三 (력입보살지광삼매입시삼)

昧已十方各過十萬佛刹微
매이시방각과십만불찰미

塵數世界外有十萬佛刹微
진수세계외유십만불찰미

塵數諸佛皆同一號號金剛
진수제불개동일호호금강

幢而現其前咸稱讚言善哉
당이현기전함칭찬언선재

善哉善男子乃能入此菩薩
선재선남자내능입차보살

智光三昧善男子此是十方
지광삼매선남자차시시방

各十萬佛刹微塵數諸佛神
각십만불찰미진수제불신

力共加於汝
력공가어여

亦是毘盧遮那如來往昔
역시비로자나여래왕석

願力威神之力及由汝智慧
원력위신지력급유여지혜

清淨故諸菩薩善根增勝故
청정고제보살선근증승고

令汝入是三昧而演說法爲
령여입시삼매이연설법위

令諸菩薩得清淨無畏故具
령제보살득청정무외고구

無礙辯才故入無礙智地故
무애변재고입무애지지고

住一切智大心故成就無盡
주일체지대심고성취무진

善根故滿足無礙白法故入
선근고만족무애백법고입

於普門法界故現一切佛神
어보문법계고현일체불신

力故前際念智不斷故得一
력고전제념지부단고득일

切佛護持諸根故以無量門
체불호지제근고이무량문

廣說衆法故聞悉解了受持
광설중법고문실해료수지

不忘故攝諸菩薩一切善根
불망고섭제보살일체선근

사경의 공덕은 십만억 부처님께 공양한 것과 같은 공덕이 있습니다.

故成辨出世助道故不斷一
고성변출세조도고부단일

切智智故開發大願故解釋
체지지고개발대원고해석

實義故了知法界故令諸菩
실의고료지법계고령제보

薩皆悉歡喜故修一切佛平
살개실환희고수일체불평

等善根故護持一切如來種
등선근고호지일체여래종

性故所謂演說諸菩薩十迴
성고소위연설제보살십회

向
향

佛子汝當承佛威神之力
불자여당승불위신지력

而演此法得佛護念安住
이연차법득불호념안주

佛家故增益出世功德故得
불가고증익출세공덕고득

陀羅尼光明故入無障礙佛
다라니광명고입무장애불

法故大光普照法界故集無
법고대광보조법계고집무

過失淨法故住廣大智境界
과실정법고주광대지경계

故得無障礙法光故
고득무장애법광고

爾時諸佛卽與金剛幢菩
이시제불즉여금강당보

薩無量智慧與無留礙辯與
살무량지혜여무류애변여

分別句義善方便與無礙法
분별구의선방편여무애법

光明與如來平等身與無量
광명여여래평등신여무량

差別淨音聲與菩薩不思議
차별정음성여보살불사의

善觀察三昧與不可沮壞一
선관찰삼매여불가저괴일

切善根迴向智與觀察一切
체선근회향지여관찰일체

사경의 공덕은 십만억 부처님께 공양한 것과 같은 공덕이 있습니다.

法成就巧方便與一切處說
一切法無斷辯何以故入此
三昧善根力故
爾時諸佛各以右手摩金
剛幢菩薩頂金剛幢菩薩得
摩頂已卽從定起告諸菩薩
言佛子菩薩摩訶薩有不可

何 하	有 유	幾 기		現 현	護 호	思 사
等 등	十 십	種 종	佛 불	在 재	一 일	議 의
爲 위	種 종	佛 불	子 자	一 일	切 체	大 대
十 십	三 삼	子 자	菩 보	切 체	衆 중	願 원
一 일	世 세	菩 보	薩 살	佛 불	生 생	充 충
者 자	諸 제	薩 살	摩 마	迴 회	所 소	滿 만
救 구	佛 불	摩 마	訶 하	向 향	謂 위	法 법
護 호	咸 함	訶 하	薩 살		修 수	界 계
一 일	共 공	薩 살	迴 회		學 학	普 보
切 체	演 연	迴 회	向 향		去 거	能 능
衆 중	說 설	向 향	有 유		來 래	救 구

사경의 공덕은 십만억 부처님께 공양한 것과 같은 공덕이 있습니다.

向 (향)

十者入法界無量迴向 (십자입법계무량회향)

佛子是爲菩薩摩訶薩十 (불자시위보살마하살십)

種迴向過去未來現在諸佛 (종회향과거미래현재제불)

已說當說今說 (이설당설금설)

佛子云何爲菩薩摩訶薩 (불자운하위보살마하살)

救護一切衆生離衆生相迴 (구호일체중생리중생상회)

向佛子此菩薩摩訶薩行檀 (향불자차보살마하살행단)

사경의 공덕은 십만억 부처님께 공양한 것과 같은 공덕이 있습니다.

波(바)羅(라)密(밀)淨(정)尸(시)波(바)羅(라)密(밀)修(수)羼(찬)提(제)

波(바)羅(라)密(밀)起(기)精(정)進(진)波(바)羅(라)密(밀)入(입)禪(선)

波(바)羅(라)密(밀)住(주)般(반)若(야)波(바)羅(라)密(밀)大(대)慈(자)

大(대)悲(비)大(대)喜(희)大(대)捨(사)修(수)如(여)是(시)等(등)無(무)

量(량)善(선)根(근)修(수)善(선)根(근)時(시)作(작)是(시)念(념)言(언)

願(원)此(차)善(선)根(근)普(보)能(능)饒(요)益(익)一(일)切(체)衆(중)

生(생)皆(개)使(사)淸(청)淨(정)至(지)於(어)究(구)竟(경)永(영)離(리)

地獄餓鬼畜生閻羅王等無
지옥아귀축생염라왕등무

量苦惱
량고뇌

菩薩摩訶薩種善根時以
보살마하살종선근시이

己善根如是迴向我當爲一
기선근여시회향아당위일

切衆生作舍令免一切諸苦
체중생작사령면일체제고

事故爲一切衆生作護悉令
사고위일체중생작호실령

解脫諸煩惱故爲一切衆生
해탈제번뇌고위일체중생

사경의 공덕은 십만억 부처님께 공양한 것과 같은 공덕이 있습니다.

作(작)歸(귀)皆(개)令(령)得(득)離(리)諸(제)怖(포)畏(외)故(고)爲(위)
一(일)切(체)衆(중)生(생)作(작)趣(취)令(령)得(득)至(지)於(어)一(일)
切(체)智(지)故(고)爲(위)一(일)切(체)衆(중)生(생)作(작)安(안)令(령)
得(득)究(구)竟(경)安(안)隱(은)處(처)故(고)
爲(위)一(일)切(체)衆(중)生(생)作(작)明(명)令(령)得(득)智(지)
光(광)滅(멸)癡(치)暗(암)故(고)爲(위)一(일)切(체)衆(중)生(생)作(작)
炬(거)破(파)彼(피)一(일)切(체)無(무)明(명)暗(암)故(고)爲(위)一(일)

切衆生作燈令住究竟清淨
處故爲一切衆生作導師引
其令入眞實法故爲一切衆
生作大導師與其無礙大智
慧故佛子菩薩摩訶薩以諸
善根如是迴向平等饒益一
切衆生究竟皆令得一切智

사경의 공덕은 십만억 부처님께 공양한 것과 같은 공덕이 있습니다.

佛子菩薩摩訶薩於非親
불자보살마하살어비친

友守護迴向與其親友等無
우수호회향여기친우등무

差別何以故菩薩摩訶薩入
차별하이고보살마하살입

一切法平等性故不於衆生
일체법평등성고불어중생

而起一念非親友想設有衆
이기일념비친우상설유중

生於菩薩所起怨害心菩薩
생어보살소기원해심보살

亦以慈眼視之終無恚怒普
역이자안시지종무에노보

爲(위)衆(중)生(생)作(작)善(선)知(지)識(식)演(연)說(설)正(정)法(법)

令(령)其(기)修(수)習(습)

譬(비)如(여)大(대)海(해)一(일)切(체)衆(중)毒(독)不(불)能(능)

變(변)壞(괴)菩(보)薩(살)亦(역)爾(이)一(일)切(체)愚(우)蒙(몽)無(무)

有(유)智(지)慧(혜)不(부)知(지)恩(은)德(덕)瞋(진)很(랑)頑(완)毒(독)

憍(교)慢(만)自(자)大(대)其(기)心(심)盲(맹)瞽(고)不(불)識(식)善(선)

法(법)如(여)是(시)等(등)類(류)諸(제)惡(악)衆(중)生(생)種(종)種(종)

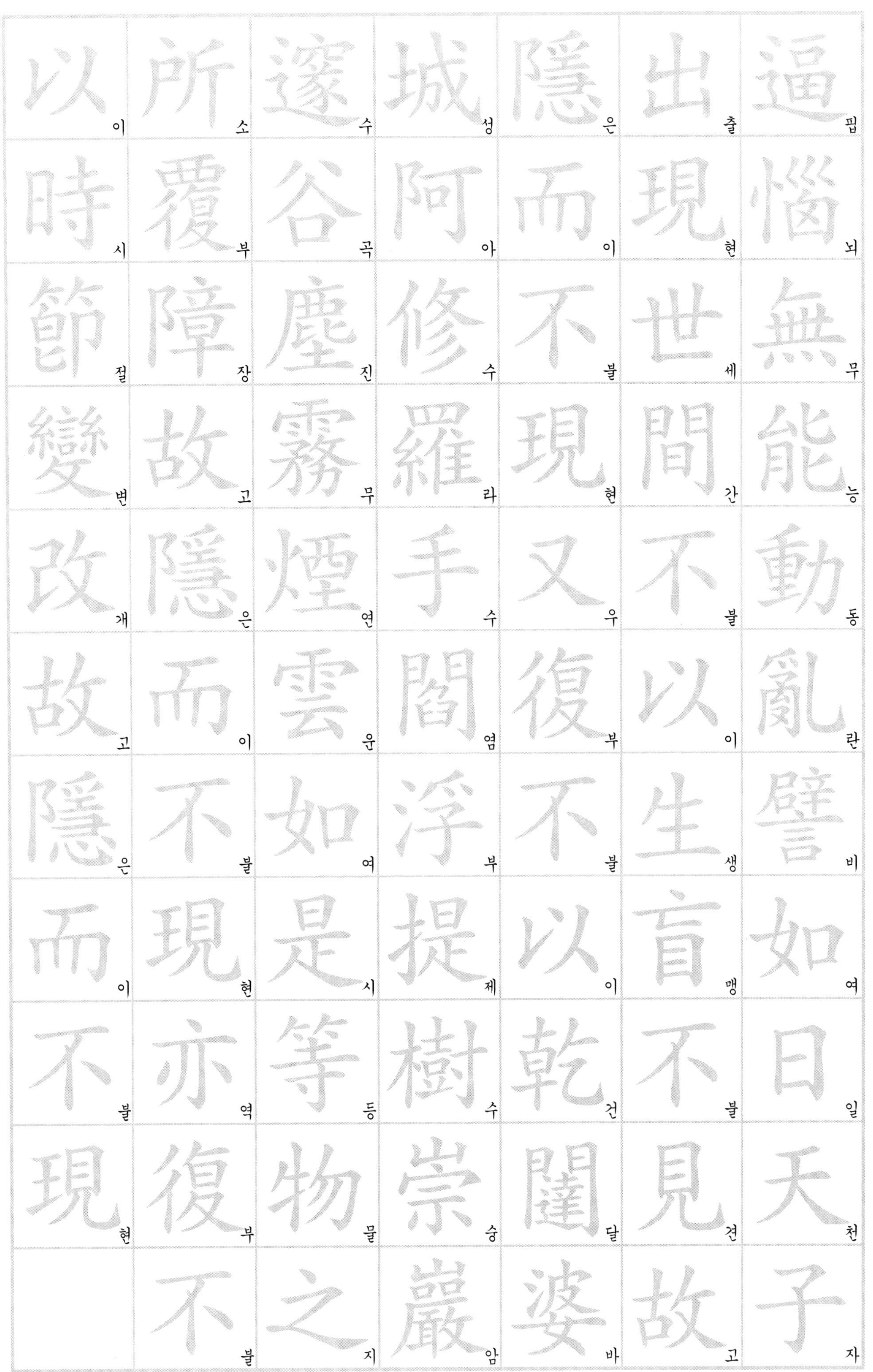
逼惱無能動亂譬如日天子
出現世間不以生盲不見故
隱而不現又復不以乾闥婆
城阿修羅手閻浮提樹崇巖
邃谷塵霧煙雲如是等物之
所覆障故隱而不現亦復不
以時節變改故隱而不現

사경의 공덕은 십만억 부처님께 공양한 것과 같은 공덕이 있습니다.

菩薩摩訶薩亦復如是有
大福德其心深廣正念觀察
無有退屈爲欲究竟功德智
慧於上勝法心生志欲法光
普照見一切義於諸法門智
慧自在常爲利益一切衆生
而修善法曾不誤起捨衆生

사경의 공덕은 십만억 부처님께 공양한 것과 같은 공덕이 있습니다.

心(심)不(불)以(이)衆(중)生(생)其(기)性(성)弊(폐)惡(악)邪(사)見(견)
瞋(진)濁(탁)難(난)可(가)調(조)伏(복)便(편)卽(즉)棄(기)捨(사)不(불)
修(수)迴(회)向(향)但(단)以(이)菩(보)薩(살)大(대)願(원)甲(갑)冑(주)
而(이)自(자)莊(장)嚴(엄)救(구)護(호)衆(중)生(생)恒(항)無(무)退(퇴)
轉(전)

不(불)以(이)衆(중)生(생)不(부)知(지)報(보)恩(은)退(퇴)菩(보)
薩(살)行(행)捨(사)菩(보)提(리)道(도)不(불)以(이)凡(범)愚(우)共(공)

사경의 공덕은 십만억 부처님께 공양한 것과 같은 공덕이 있습니다.

羅三藐三菩提普爲救護一
라삼먁삼보리보위구호일

切衆生故而修善根迴向阿
체중생고이수선근회향아

耨多羅三藐三菩提如是不
뇩다라삼먁삼보리여시부

但爲淨一佛刹故不但爲信
단위정일불찰고부단위신

一佛故不但爲見一佛故不
일불고부단위견일불고부

但爲了一法故起大智願迴
단위료일법고기대지원회

向阿耨多羅三藐三菩提爲
향아뇩다라삼먁삼보리위

사경의 공덕은 십만억 부처님께 공양한 것과 같은 공덕이 있습니다.

普淨一切佛刹故普信一切
보정일체불찰고보신일체

諸佛故普承事供養一切諸
제불고보승사공양일체제

佛故普解一切佛法故發起
불고보해일체불법고발기

大願修諸善根迴向阿耨多
대원수제선근회향아뇩다

羅三藐三菩提
라삼먁삼보리

佛子菩薩摩訶薩以諸佛
불자보살마하살이제불

法而爲所緣起廣大心不退
법이위소연기광대심불퇴

心 심	慈 자	喜 희	清 청	等 등	得 득	轉 전
安 안	悲 비	心 심	淨 정	菩 보	心 심	心 심
樂 락	心 심	清 청	大 대	薩 살	寶 보	無 무
心 심	憐 련	淨 정	悲 비	如 여	與 여	量 량
普 보	愍 민	心 심	堅 견	是 시	一 일	劫 겁
爲 위	心 심	最 최	固 고	觀 관	切 체	中 중
衆 중	攝 섭	勝 승	以 이	諸 제	諸 제	修 수
生 생	護 호	心 심	甚 심	善 선	佛 불	集 집
眞 진	心 심	柔 유	深 심	根 근	悉 실	希 희
實 실	利 리	軟 연	心 심	信 신	皆 개	有 유
迴 회	益 익	心 심	歡 환	心 심	平 평	難 난

向
非但口言
佛子菩薩摩訶薩以諸善
根迴向之時作是念言以我
善根願一切趣生一切衆生
皆得清淨功德圓滿不可沮
壞無有窮盡常得尊重正念
不忘獲決定慧具無量智身

사경의 공덕은 십만억 부처님께 공양한 것과 같은 공덕이 있습니다.

口구 意의 業업 一일 切체 功공 德덕 圓원 滿만 莊장 嚴엄

又우 作작 是시 念념 以이 此차 善선 根근 令령 一일

切체 衆중 生생 承승 事사 供공 養양 一일 切체 諸제 佛불

無무 空공 過과 者자 於어 諸제 佛불 所소 淨정 信신 不불

壞괴 聽청 聞문 正정 法법 斷단 諸제 疑의 惑혹 憶억 持지

不불 忘망 如여 說설 修수 行행 於어 如여 來래 所소 起기

恭공 敬경 心심 身신 業업 淸청 淨정 安안 住주 無무 量량

사경의 공덕은 십만억 부처님께 공양한 것과 같은 공덕이 있습니다.

廣(광)大(대)善(선)根(근)永(영)離(리)貧(빈)窮(궁)七(칠)財(재)滿(만)
足(족)於(어)諸(제)佛(불)所(소)常(상)隨(수)修(수)學(학)成(성)就(취)
無(무)量(량)勝(승)妙(묘)善(선)根(근)平(평)等(등)悟(오)解(해)住(주)
一(일)切(체)智(지)以(이)無(무)礙(애)眼(안)等(등)視(시)衆(중)生(생)
衆(중)相(상)嚴(엄)身(신)無(무)有(유)玷(점)缺(결)言(언)音(음)淨(정)
妙(묘)功(공)德(덕)圓(원)滿(만)諸(제)根(근)調(조)伏(복)十(십)力(력)
成(성)就(취)善(선)心(심)滿(만)足(족)無(무)所(소)依(의)住(주)命(령)

사경의 공덕은 십만억 부처님께 공양한 것과 같은 공덕이 있습니다.

一切衆生普得佛樂得無量 (일체중생보득불락득무량)

住住佛所住 (주주불소주)

佛子菩薩摩訶薩見諸衆 (불자보살마하살견제중)

生造作惡業受諸重苦以是 (생조작악업수제중고이시)

障故不見佛不聞法不識僧 (장고불견불불문법불식승)

便作是念我當於彼諸惡道 (편작시념아당어피제악도)

中代諸衆生受種種苦令其 (중대제중생수종종고령기)

解脫菩薩如是受苦毒時轉
해탈보살여시수고독시전

更精勤不捨不避不驚不怖
갱정근불사불피불경불포

不退不怯無有疲厭何以故
불퇴불겁무유피염하이고

如其所願決欲荷負一切衆
여기소원결욕하부일체중

生令解脫故
생령해탈고

菩薩爾時作是念言一切
보살이시작시념언일체

衆生在生老病死諸苦難處
중생재생로병사제고난처

在 재	惑 혹	作 작	著 착	衆 중	法 법	隨 수
於 어	不 불	魔 마	諸 제	生 생	我 아	業 업
生 생	見 견	業 업	有 유	愛 애	應 응	流 류
死 사	安 안	行 행	隨 수	網 망	救 구	轉 전
輪 륜	隱 은	福 복	逐 축	所 소	之 지	邪 사
轉 전	處 처	智 지	不 불	纏 전	令 령	見 견
不 불	不 부	都 도	捨 사	癡 치	得 득	無 무
息 식	知 지	盡 진	入 입	蓋 개	出 출	智 지
諸 제	出 출	常 상	苦 고	所 소	離 리	喪 상
苦 고	離 리	懷 회	籠 롱	覆 부	又 우	諸 제
淤 어	道 도	疑 의	檻 함	染 염	諸 제	善 선

사경의 공덕은 십만억 부처님께 공양한 것과 같은 공덕이 있습니다.

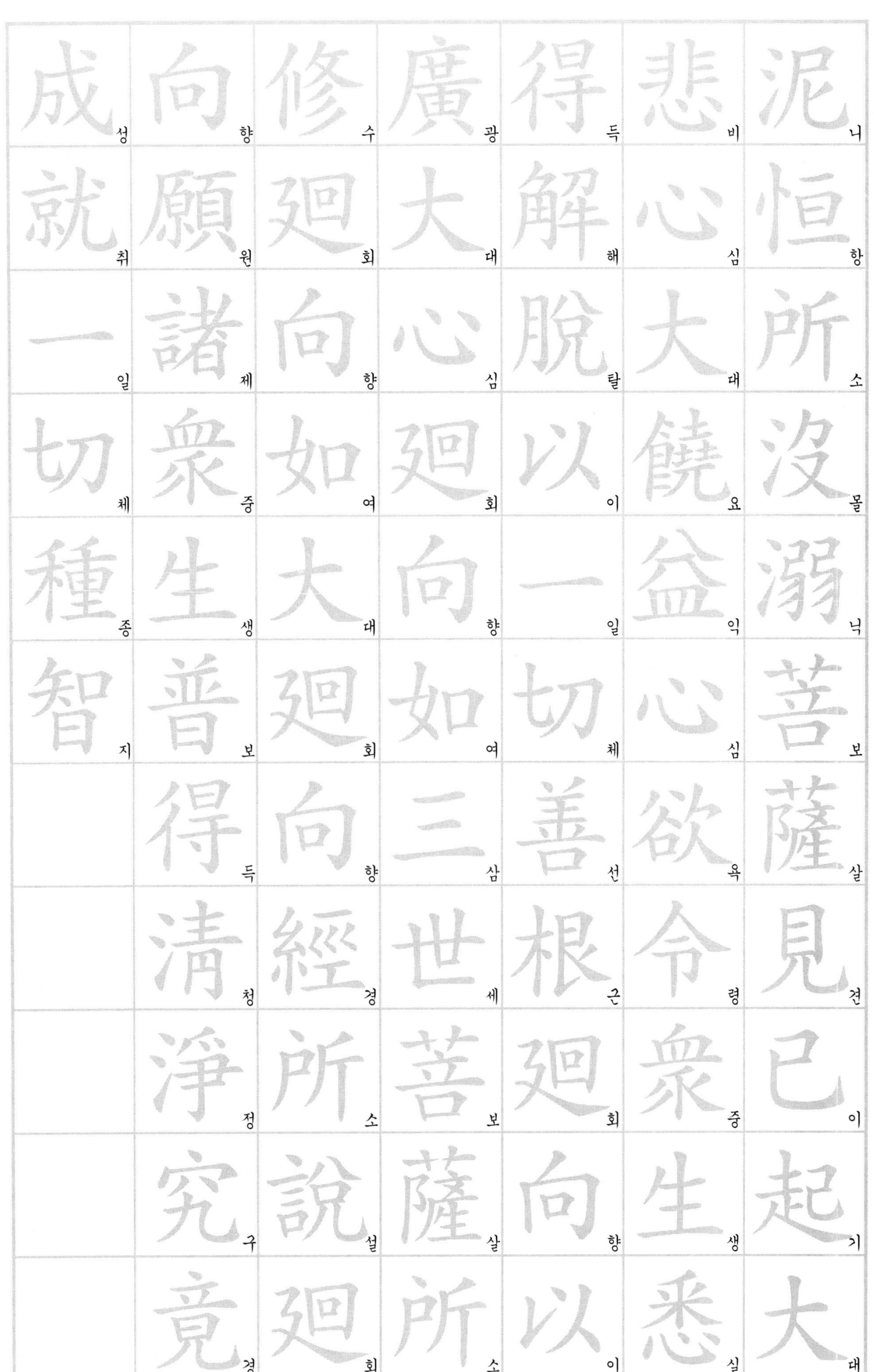
泥恒所沒溺菩薩見已起大
悲心大饒益心欲令衆生悉
得解脫以一切善根迴向以
廣大心迴向如三世菩薩所
修迴向如大迴向經所說迴
向願諸衆生普得淸淨究竟
成就一切種智

復부 作작 是시 念념 我아 所소 修수 行행 欲욕 令령

衆중 生생 皆개 悉실 得득 成성 無무 上상 智지 王왕 不불

爲위 自자 身신 而이 求구 解해 脫탈 但단 爲위 救구 濟제

一일 切체 衆중 生생 令령 其기 咸함 得득 一일 切체 智지

心심 度도 生생 死사 流류 解해 脫탈 衆중 苦고 復부 作작

是시 念념 我아 當당 普보 爲위 一일 切체 衆중 生생 備비

受수 衆중 苦고 令령 其기 得득 出출 無무 量량 生생 死사

衆苦大壑我當普爲一切衆
중고대학아당보위일체중

生於一切世界一切惡趣中
생어일체세계일체악취중

盡未來劫受一切苦然常爲
진미래겁수일체고연상위

衆生勤修善根
중생근수선근

何以故我寧獨受如是衆
하이고아녕독수여시중

苦不令衆生墮於地獄我當
고불령중생타어지옥아당

於彼地獄畜生閻羅王等險
어피지옥축생염라왕등험

難之處以身爲質救贖一切
惡道衆生令得解脫復作是
念我願保護一切衆生終不
棄捨所言誠實無有虛妄何
以故我爲救度一切衆生發
菩提心不爲自身求無上道
亦不爲五欲境界及三有

사경의 공덕은 십만억 부처님께 공양한 것과 같은 공덕이 있습니다.

中種種樂故修菩提行何以
중종종락고수보리행하이

故世間之樂無非是苦衆魔
고세간지락무비시고중마

境界
경계

愚人所貪諸佛所訶一切
우인소탐제불소가일체

苦患因之而起地獄餓鬼及
고환인지이기지옥아귀급

以畜生閻羅王處忿恚鬪訟
이축생염라왕처분에투송

更相毁辱如是諸惡皆因貪
갱상훼욕여시제악개인탐

사경의 공덕은 십만억 부처님께 공양한 것과 같은 공덕이 있습니다.

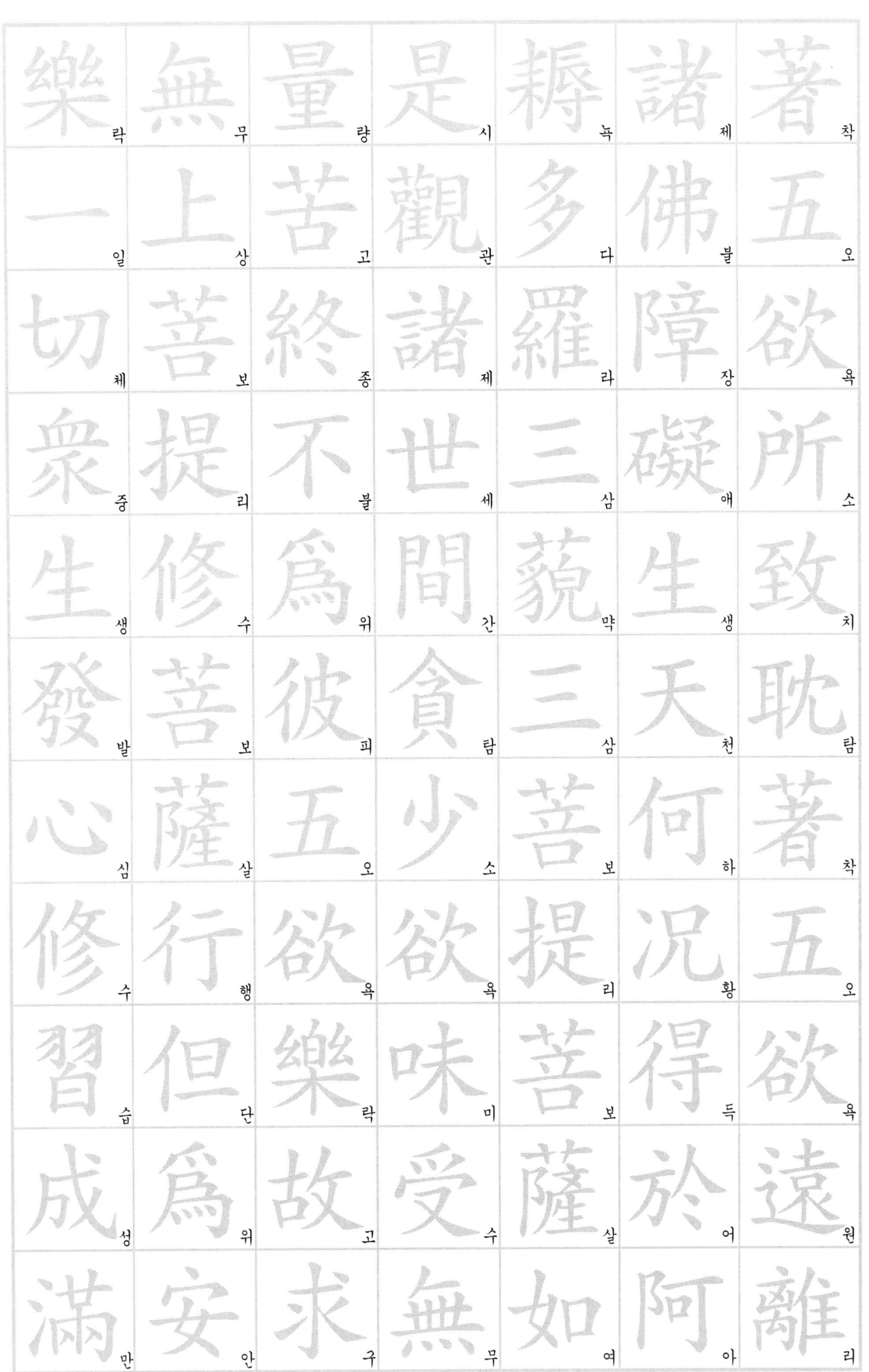

사경의 공덕은 십만억 부처님께 공양한 것과 같은 공덕이 있습니다.

大願斷截衆生諸苦罥索令
대원단절중생제고견색령

得解脫
득해탈

佛子菩薩摩訶薩復作是
불자보살마하살부작시

念我當以善根如是迴向令
념아당이선근여시회향령

一切衆生得究竟樂利益樂
일체중생득구경락리익락

不受樂寂靜樂無依樂無動
불수락적정락무의락무동

樂無量樂不捨不退樂不滅
락무량락불사불퇴락불멸

사경의 공덕은 십만억 부처님께 공양한 것과 같은 공덕이 있습니다.

樂一切智樂復作是念我當
락일체지락부작시념아당

與一切衆生作調御師作主
여일체중생작조어사작주

兵臣執大智炬示安隱道令
병신집대지거시안은도령

離險難以善方便俾知實義
리험난이선방편비지실의

又於生死海作一切智善巧
우어생사해작일체지선교

船師度諸衆生使到彼岸
선사도제중생사도피안

佛子菩薩摩訶薩以諸善
불자보살마하살이제선

根如是迴向所謂隨宜救護
一切衆生令出生死承事供
養一切諸佛得無障礙一切
智智捨離衆魔遠惡知識親
近一切菩薩善友滅諸過罪
成就淨業具足菩薩廣大行
願無量善根

佛子菩薩摩訶薩以諸善
불자보살마하살이제선

根正迴向已作如是念不以
근정회향이작여시념불이

四天下衆生多故多日出現
사천하중생다고다일출현

但一日出悉能普照一切衆
단일일출실능보조일체중

生又諸衆生不以自身光明
생우제중생불이자신광명

故知有晝夜遊行觀察興造
고지유주야유행관찰흥조

諸業皆由日天子出成辨斯
제업개유일천자출성변사

事(사)
然(연)彼(피)日(일)輪(륜)但(단)一(일)無(무)二(이)
菩(보)薩(살)摩(마)訶(하)薩(살)亦(역)復(부)如(여)是(시)
修(수)集(집)善(선)根(근)迴(회)向(향)之(지)時(시)作(작)是(시)念(념)言(언)
彼(피)諸(제)衆(중)生(생)不(불)能(능)自(자)救(구)何(하)能(능)救(구)
他(타)唯(유)我(아)一(일)人(인)志(지)獨(독)無(무)侶(려)修(수)集(집)
善(선)根(근)如(여)是(시)迴(회)向(향)所(소)謂(위)爲(위)欲(욕)廣(광)
度(도)一(일)切(체)衆(중)生(생)故(고)普(보)照(조)一(일)切(체)衆(중)

生故示導一切衆生故開悟
생고시도일체중생고개오

一切衆生故顧復一切衆生
일체중생고고부일체중생

故攝受一切衆生故成就一
고섭수일체중생고성취일

切衆生故令一切衆生歡喜
체중생고령일체중생환희

故令一切衆生悅樂故令一
고령일체중생열락고령일

切衆生斷疑故
체중생단의고

佛子菩薩摩訶薩復作是
불자보살마하살부작시

念我應如日普照一切不求
념아응여일보조일체불구

恩報衆生有惡悉能容受終
은보중생유악실능용수종

不以此而捨誓願不以一衆
불이차이사서원불이일중

生惡故捨一切衆生但勤修
생악고사일체중생단근수

習善根迴向普令衆生皆得
습선근회향보령중생개득

安樂善根雖少普攝衆生以
안락선근수소보섭중생이

歡喜心廣大迴向若有善根
환희심광대회향약유선근

사경의 공덕은 십만억 부처님께 공양한 것과 같은 공덕이 있습니다.

別業報體性廻向不著五蘊
별업보체성회향불착오온

相廻向不壞五蘊相廻向不
상회향불괴오온상회향불

取業廻向不求報廻向不染
취업회향불구보회향불염

著因緣廻向不分別因緣所
착인연회향불분별인연소

起廻向不著名稱廻向不著
기회향불착명칭회향불착

處所廻向不著虛妄法廻向
처소회향불착허망법회향

不著衆生相世界相心意相
불착중생상세계상심의상

迴向不起心顚倒想顚倒見
회향불기심전도상전도견

顚倒迴向不著語言道迴向
전도회향불착어언도회향

觀一切法眞實性迴向觀一
관일체법진실성회향관일

切衆生平等相迴向以法界
체중생평등상회향이법계

印印諸善根迴向觀諸法離
인인제선근회향관제법리

貪欲迴向解一切法無種植
탐욕회향해일체법무종식

善根亦如是觀諸法無二無
선근역여시관제법무이무

生(생)無(무)滅(멸)迴(회)向(향)亦(역)如(여)是(시)

以(이)如(여)是(시)等(등)善(선)根(근)迴(회)向(향)修(수)行(행)

清(청)淨(정)對(대)治(치)之(지)法(법)所(소)有(유)善(선)根(근)皆(개)

悉(실)隨(수)順(순)出(출)世(세)間(간)法(법)不(부)作(작)二(이)相(상)

非(비)卽(즉)業(업)修(수)習(습)一(일)切(체)智(지)非(비)離(리)業(업)

迴(회)向(향)一(일)切(체)智(지)一(일)切(체)智(지)非(비)卽(즉)是(시)

業(업)然(연)不(불)離(리)業(업)得(득)一(일)切(체)智(지)以(이)業(업)

如(여)光(광)影(영)清(청)淨(정)故(고)報(보)亦(역)如(여)光(광)影(영)
清(청)淨(정)報(보)如(여)光(광)影(영)清(청)淨(정)故(고)一(일)切(체)
智(지)智(지)亦(역)如(여)光(광)影(영)清(청)淨(정)離(리)我(아)我(아)
所(소)一(일)切(체)動(동)亂(란)思(사)惟(유)分(분)別(별)如(여)是(시)
了(료)知(지)以(이)諸(제)善(선)根(근)方(방)便(편)迴(회)向(향)
菩(보)薩(살)如(여)是(시)迴(회)向(향)之(지)時(시)度(도)脫(탈)
衆(중)生(생)常(상)無(무)休(휴)息(식)不(부)住(주)法(법)相(상)雖(수)

知諸法無業無報善能出生
지제법무업무보선능출생

一切業報而無違諍如是方
일체업보이무위쟁여시방

便善修迴向菩薩摩訶薩如
편선수회향보살마하살여

是迴向時離一切過諸佛所
시회향시리일체과제불소

讚佛子是爲菩薩摩訶薩第
찬불자시위보살마하살제

一救護一切衆生離衆生相
일구호일체중생리중생상

迴向
회향

爾時金剛幢菩薩觀察十
이시금강당보살관찰시

方一切衆會曁于法界入深
방일체중회기우법계입심

句義以無量心修習勝行大
구의이무량심수습승행대

悲普覆一切衆生不斷三世
비보부일체중생부단삼세

諸如來種入一切佛功德法
제여래종입일체불공덕법

藏
장

出生一切諸佛法身善能
출생일체제불법신선능

사경의 공덕은 십만억 부처님께 공양한 것과 같은 공덕이 있습니다.

分別諸衆生心知其所種善
분별제중생심지기소종선

根成熟住於法身而爲示現
근성숙주어법신이위시현

清淨色身承佛神力卽說頌
청정색신승불신력즉설송

言
언

不思議劫修行道
불사의겁수행도

精進堅固心無礙
정진견고심무애

爲欲饒益群生類
위욕요익군생류

常求諸佛功德法 (상구제불공덕법)
調御世間無等人 (조어세간무등인)
修治其意甚明潔 (수치기의심명결)
發心普救諸含識 (발심보구제함식)
彼能善入迴向藏 (피능선입회향장)
勇猛精進力具足 (용맹정진력구족)
智慧聰達意清淨 (지혜총달의청정)

普救一切諸群生 (보구일체제군생)
其心堪忍不傾動 (기심감인불경동)
心善安住無與等 (심선안주무여등)
意常淸淨大歡悅 (의상청정대환열)
如是爲物勤修行 (여시위물근수행)
譬如大地普容受 (비여대지보용수)
不爲自身求快樂 (불위자신구쾌락)

사경의 공덕은 십만억 부처님께 공양한 것과 같은 공덕이 있습니다.

但欲救護諸衆生 (단욕구호제중생)
如是發起大悲心 (여시발기대비심)
疾得入於無礙地 (질득입어무애지)
十方一切諸世界 (시방일체제세계)
所有衆生皆攝受 (소유중생개섭수)
爲救彼故善住心 (위구피고선주심)
如是修學諸廻向 (여시수학제회향)

修行布施大欣悅
수행보시대흔열

護持淨戒無所犯
호지정계무소범

勇猛精進心不動
용맹정진심부동

迴向如來一切智
회향여래일체지

其心廣大無邊際
기심광대무변제

忍力安住不傾動
인력안주불경동

禪定甚深恒照了
선정심심항조료

智慧微妙難思議
지혜미묘난사의

十方一切世界中
시방일체세계중

具足修治清淨行
구족수치청정행

如是功德皆迴向
여시공덕개회향

爲欲安樂諸含識
위욕안락제함식

大士勤修諸善業
대사근수제선업

無量無邊不可數
무량무변불가수

사경의 공덕은 십만억 부처님께 공양한 것과 같은 공덕이 있습니다.

如是悉以益眾生
여시실이익중생

令住難思無上智
영주난사무상지

普爲一切眾生故
보위일체중생고

不思議劫處地獄
불사의겁처지옥

如是曾無厭退心
여시증무염퇴심

勇猛決定常廻向
용맹결정상회향

不求色聲香與味
불구색성향여미

亦不希求諸妙觸 (역불희구제묘촉)

但爲救度諸群生 (단위구도제군생)

常求無上最勝智 (상구무상최승지)

智慧清淨如虛空 (지혜청정여허공)

修習無邊大士行 (수습무변대사행)

如佛所行諸行法 (여불소행제행법)

彼人如是常修學 (피인여시상수학)

大士遊行諸世界
대사유행제세계

悉能安隱諸群生
실능안은제군생

普使一切皆歡喜
보사일체개환희

修菩薩行無厭足
수보살행무염족

除滅一切諸心毒
제멸일체제심독

思惟修習最上智
사유수습최상지

不爲自己求安樂
불위자기구안락

但願衆生得離苦
단원중생득리고

此人迴向得究竟
차인회향득구경

心常淸淨離衆毒
심상청정리중독

三世如來所付囑
삼세여래소부촉

住於無上大法城
주어무상대법성

未曾染著於諸色
미증염착어제색

受想行識亦如是
수상행식역여시

其心永出於三有 기심영출어삼유
所有功德盡迴向 소유공덕진회향
佛所知見諸衆生 불소지견제중생
盡皆攝取無有餘 진개섭취무유여
誓願皆令得解脫 서원개령득해탈
爲彼修行大歡喜 위피수행대환희
其心念念恒安住 기심념념항안주

智慧廣大無與等 (지혜광대무여등)
離癡正念常寂然 (이치정념상적연)
一切諸業皆清淨 (일체제업개청정)
彼諸菩薩處於世 (피제보살처어세)
不著內外一切法 (불착내외일체법)
如風無礙行於空 (여풍무애행어공)
大士用心亦復然 (대사용심역부연)

所有身業皆清淨
소유신업개청정

一切語言無過失
일체어언무과실

心常歸向於如來
심상귀향어여래

能令諸佛悉歡喜
능령제불실환희

十方無量諸國土
시방무량제국토

所有佛處皆往詣
소유불처개왕예

於中覩見大悲尊
어중도견대비존

靡不恭敬而瞻奉
미불공경이첨봉

心常清淨離諸失
심상청정리제실

普入世間無所畏
보입세간무소외

已住如來無上道
이주여래무상도

復爲三有大法池
부위삼유대법지

精勤觀察一切法
정근관찰일체법

隨順思惟有非有
수순사유유비유

如是趣於眞實理 (여시취어진실리)
得入甚深無諍處 (득입심심무쟁처)
以此修成堅固道 (이차수성견고도)
一切衆生莫能壞 (일체중생막능괴)
善能了達諸法性 (선능료달제법성)
普於三世無所著 (보어삼세무소착)
如是迴向到彼岸 (여시회향도피안)

普使群生離衆垢
보사군생리중구

永離一切諸所依
영리일체제소의

得入究竟無依處
득입구경무의처

一切衆生語言道
일체중생어언도

隨其種類各差別
수기종류각차별

菩薩悉能分別說
보살실능분별설

而心無著無所礙
이심무착무소애

菩薩如是修迴向
보살여시수회향

功德方便不可說
공덕방편불가설

能令十方世界中
능령시방세계중

一切諸佛皆稱歎
일체제불개칭탄

發 願 文

귀의 삼보하옵고

거룩하신 부처님께 발원하옵나이다.

주　　소 : ______________________________

전　　화 : ______________　불 명 : ______　성 명 : ______

불기 25 ________ 년 ________ 월 ________ 일